べらぼうに面白い蔦屋重三郎

ツタヤピロコ

興陽館

はじめに――こんなべらぼうな生き方があった

この本を手にとってくださったみなさまへ
これから、べらぼうに面白い話をしていきます。

本の面白さが花開いたのは、徳川幕府が支配していた天下泰平の平和な世の中でのことでした。みなさんよく知っている江戸時代と呼ばれていたころです。戦いのない落ち着いた生活が続き、普通の人たちの間では、エンターテインメントの文化が大きく花開いたのです。中でも、とりわけ目覚ましい発展を迎えたのが本というビジネス、つまり出版文化でした。

特に現代の東京に当たる江戸では、エンターテインメントとしての本や絵本、イラスト集が多く出版されるようになり、町で暮らす人々の流行や情報のエネルギー源となっていきました。**いま電車の中でみなさんがスマホを見ているように、当時の江戸に住む普通の人たちは本を読んでいたのです。**人々の暮らしは本がつくっていたといってもいい過ぎではありません。

そして、出版業界は、江戸時代の社会を動かすうえで重要なツールの一つとなって行ったのです。その立役者であり、江戸出版界の礎を築き上げたスーパーヒーローがいました。そうです。それが誰あろう**蔦屋重三郎**その人です。

「名前はきいたことあるけど、何やった人?」

「写楽とか歌麿の人だっけ?」

もしかしたら蔦屋重三郎が、江戸時代の編集者であり、出版プロデューサーだということを知っている人はいるかも知れません。でも、それ以上、重三郎について知っている人はあまりいないのではないでしょうか。

流行をつくり出す力、時代の流れを見る能力、そして何より多くの人々が望んでいることを即座に察知する共感力。優れたビジネスマンとして必要な感性すべてを持っていた蔦屋重三郎。めきめきと力を発揮し、出版に命を懸けた彼の人生は非常に興味深いものです。一緒に、少し覗いてみませんか？

敏腕という言葉にもっともふさわしい男性の生き様とは、いったいどのようなものだったのでしょうか。

本書では、蔦屋重三郎の生き方をナビゲートするとともに、現代に通じる真摯な仕事への姿勢も学んでいきたいと思います。

もちろん、蔦屋重三郎が生きた江戸期の時代背景も、たっぷりご紹介します。どのような流れで本のビジネスが熱くなって行ったのか、出版文化が広まって行ったのかが、分かりやすくなることでしょう。

時代のトレンドを読み、流行の風に乗って、天明文化を鮮やかに駆け抜けた一人の男性は、どのような日々を送っていたのでしょうか。垣間見ることで、明日へのヒントや活力が生まれることになれば、こんなに嬉しいことはありません。

それでは、べらぼうに面白い蔦屋重三郎。スタートです。

○○屋のあの子が人気なのよっ
場所が良いからよねぇ
中々よい娘に出会えないねー
蕎麦
こればかりは運だね
構想は浮んでいるのだが…
好きな絵だけ描いていたい…
わたくし蔦屋重三郎
閃いちゃいました!!

べらぼうに面白い蔦屋重三郎　目次

第一章　蔦屋重三郎はこうして生まれた

第二章　ビジネスマン重三郎

第三章

蔦屋と人気作家たち

第四章

蔦重の聖地　江戸吉原はこんなところ

第五章

生きた！　燃えた！　きらめいた！
蔦重の時代　天明

第一章　蔦屋重三郎はこうして生まれた

蔦屋重三郎って何もの？

蔦屋重三郎は、1750年（寛延3年）1月7日に、江戸の吉原（いまの東京の浅草）で生まれました。当時の吉原は、**江戸で一番大きな歓楽街**でした。売春が目的の遊郭という名前のお店を集めてできた町。それが吉原です。

周りは田んぼに囲まれていて、大きくて四角い形をした土地に、数えきれないほどの遊郭が連なっています。ほかの地域とはっきり区別するためや、働いている遊女のお姉さんたちが逃げ出すことができないように、出入り口としては大きな門が一つだけしかありませんでした。有名な吉原には、江戸といわず日本中からお客さんが集まり、毎日とても賑わっていたといいます。

風俗街でしたが、そこにあるのはもちろん遊郭だけではありません。食堂もお茶屋さんもあったし、使用人の人たちが暮らす家もありました。現実世界とは違う快楽の街でありながらも、ごくごく普通の人たちの暮らしもあったというわけです。ちょっと不思議な空間ですね。

江戸幕府は、この吉原を公認していたので、歓楽街の中でも、比較的安全な地域だったといえます。その証拠に、吉原にくるのは、遊女を買うお客さんだけではなく、遠くから旅行にきた人たちや女性も多くいました。**吉原は、風俗街であり、日本の一大観光地でもあった**わけです。

ややアンダーグラウンドな世界に生まれたといえる重三郎は、いまでいうと危険な香りのするオシャレな不良といったところでしょうか。モテそうです。いずれにせよ、華やかな大都会吉原に生まれたことは、今後の重三郎の人生において大きな力となっていくのです。吉原については、うしろのほうの章でもう少し詳しく説明しているので、そちらも読んでみて下さい。

蔦屋重三郎の父親は尾張（いまの愛知県西部）出身の丸山重助。母親は廣瀬津与といます。母親は江戸生まれです。残念なことに、重三郎の家族については、現在のところ、詳しく分かっていません。兄弟がいたのか一人っ子だったのかも不明です。ただ、吉原に生まれたということは、お父さんの丸山重助は、吉原で何かしらの仕事をしていたのだろうと予測できます。

叔父さんは吉原仲之町通りにある茶屋「駿河屋」の経営者で、義理のお兄さんに当たる蔦屋次郎兵衛も吉原五十間道にある引手茶屋を経営していました。

茶屋とは、吉原で働く夜のお姉さんたちと連絡を取ったり、待ち合わせをしたり、宴会を開いたりする場所です。重三郎は、吉原生まれの中でもサラブレッドだったということが分かりますよね。家族が吉原に詳しいとは心強かったことでしょう。実際、重三郎が最初のお店を構えたのは、義理のお兄さんの蔦屋次郎兵衛が経営する茶屋の軒先でした。それが**書店耕書堂**です。

どういった事情でそうなったのか文献は残っていませんが、重三郎が7歳のときに、お父さんとお母さんは離婚することになりました。これを機に、重三郎は蔦屋という屋号の茶屋を経営している、喜多川さんの家に養子に入ります。この喜多川さんの家は、その後重三郎とともに活躍することになる絵師の喜多川歌麿《きたがわうたまろ》と何か関係があったのではと考えられています。

重三郎は、以降、苗字を蔦屋と名乗るようになりました。そうです。蔦屋重三郎という名前は、ここに誕生したのです。

どんな子供時代を過ごしたのでしょうか。子供の頃からできがよかったのでしょうか。１７７２年（安永元年）、青年期の重三郎は、初めて自分の書店を出しました。**場所は義理のお兄さんが経営する五十間道の茶屋の軒先**です。名前は耕書堂とつけました。

そこからは早かった。遊郭のガイドブックやお勧めする人気風俗嬢のグラビア誌をつくると、それが大当たり。吉原生まれのオシャレな書店経営者として、トレンドの中心にいた重三郎は、遊び仲間として、文化人にも強いコネクションを持つようになります。その関係から、次々と、人気作家や絵師たちとコラボ作品をつくり出します。

これが、バカ売れするのです。

重三郎は、**小説や絵本の販売の仕方も新しく開拓し、一躍江戸出版業界の寵児として踊り出ます。**きっと、情に厚く、人から信頼される人物だったのでしょう。仲がいいから、知ってるからなんて理由「だけ」で人は動かないものです。ましてや、相手は、気難しい作家連です。才能を認め、理解し、色々と面倒を見てあげたのではないでしょうか。そうでなければ、一緒に仕事はしません。クリエイターには、そういう面倒なところが、ままあるものです。小さな気遣いの積み重ねが大きなビジネスチャンスを生んだと考えられます。

1790年（寛政2年）。老中松平定信は、出版統制令を発令します。**娯楽や噂話を盛り込んだ本は出版してはいけない**という内容のものです。これには重三郎も参りました。出していた本、出す本、出したい本、すべてが法律に違反しているからダメーといわれてしまうのです。熱い出版人である重三郎はそれでも出版を強行し、逮捕されてしまったこともありました。

もちろん、ここでくじける男ではありません。だったらこれはどうだ？　これなら違反していないだろう？　と、様々な新しい手法の絵本をつくり出していきました。このときに仕事を頼んだのが、喜多川歌麿と、東洲斎写楽《とうしゅうさいしゃらく》です。これまでとはまったく違う新しい作品を新しい絵師で一からつくり出したのです。狙いは当たりました。出版に関しては間違いは犯さないのが蔦屋重三郎なのです。

これからは、歌麿と写楽でバンバン売っていくぞと思っていた蔦屋重三郎ですが、なんとここで病に倒れてしまいます。**当時流行っていた脚気にかかってしまった重三郎はあっけなくこの世を去ってしまうのです。**

江戸出版業界での地位を固め始めた矢先のことでした。死の間際も、重三郎はユーモアを忘れません。デキるビジネスマンは概して面白いものです。「きっと今日のお昼くらいに死んじゃう」といい、家族と別れの挨拶を済ませたのに、全然死なないという事態が起こったそうです。これはけっこう恥ずかしい。「あれ。この遅さってなに⁇　ヤバくない⁇」そんな言葉を言い残し、数時間後に蔦屋重三郎は息を引き取ります。1797年（寛政9年）5月6日のことでした。

初めて自分の書店を出してからここまで25年。**たった25年でエンターテインメントの礎を築き、情報を掌握し、江戸のトレンドをつくったのです。**まったくあっぱれな人生ではありませんか。

重三郎には、子供がなかったので、蔦屋という会社は、番頭の勇助が継ぐことになりました。二代目蔦屋重三郎です。蔦屋重三郎はその後四代まで続くことになります。

これが、江戸の出版界を駆け抜けた蔦屋重三郎のだいたいの話です。

これから、重三郎について、べらぼうに面白い話を詳しく書いていきます。一緒に勉強しましょう。

江戸の吉原
日本一の
オギャ〜
オギャ〜
快楽の街
ここに
蔦屋重三郎
生まれる
オギャ〜
オギャ〜

出版人　蔦重爆誕！

蔦屋重三郎の出版人としての人生は、耕書堂という書店を開いてから始まります。義理のお兄さんが、新吉原大門口、五十間道で茶屋を経営していたので、そのお店の軒先を借りて、書店をやり始めたのです。それがスタートです。

耕書堂で、最初に売り始めたのは『**吉原細見**《よしわらさいけん》』という本でした。これは、吉原のガイドブックだと考えて下さい。いまでいう風俗誌です。このとき『吉原細見』を制作していたのは、鱗形屋孫兵衛《うろこがたやまごべえ》という人物です。重三郎は『吉原細見』を販売するだけでなく、その内容を考える編集者の役目も担っていました。これは、かなり責任重大なことです。

『吉原細見』には、吉原のすべてが詰まっていないとなりません。どこの遊郭に、どんな遊女がいるか、名前や位。値段。イベントがあればその日付。茶屋や、名物についてなど、あらゆる情報を網羅していなくてはならなかったのです。だって、吉原について知る方法はこの『吉原細見』しかなかったのですから。

いまのように、調べたい情報をスマホで簡単に調べられる時代ではありません。吉原で、お姉さんを買うのは値段が高いため、経験がある人も周りにそう何人もいないのです。それでも、憧れの有名観光地吉原のことは、日本中のみんなが知りたがったし、行ってみたいと恋い焦がれたのです。こうなってくると、ガイドブックほど重要なツールはありません。重要も何も、吉原のことは本当に『吉原細見』でしか知ることはかなわなかったのです。

吉原のほうも、自分たちの宣伝をして欲しいと思っていました。幕府が公認している歓楽街だといっても、そこに胡坐をかいて、ただ座っているだけではお客さんは集まってきません。こんな素敵な遊女がいるよ。こんな面白い遊びがあるよ。この日にはお祭りをやります。値段はこのくらいです。そういった情報は、ある程度出していく必要があったのです。この情報がよくなければ、お客さんは吉原に興味を持ってくれません。

『吉原細見』は、**お客さん側にとっては、唯一のガイドブックであり、吉原側にとっては、大事な宣伝媒体**だったというわけです。吉原は日本で一番といえる観光地です。書店を始めてすぐの重三郎がそのガイドブックの編集者に抜擢されるなんて、すごいですよね。ずば抜けた才能を持っていたことが、このことからだけでもうかがえます。

『吉原細見』に書かれていたのは、遊郭のマーク、屋号、店主の名前、遊女のランク、遊女の名前などです。実物が国立国会図書館に保存されていますが、それを見ると、重三郎がいかに、丁寧に情報を詰め込んでいたのかがよく分かります。とにかく、細かい。きっと、できるだけたくさんのことを伝えてあげようと思ったのでしょうね。

1783年刊行のものから、巻末に色々な広告が載るようになりました。これは、蔦屋重三郎が始めたことです。

重三郎は本をつくって出版するという業務のほかに、**すでにできあがっている本を貸すという仕事**、貸本業もやることにしました。

江戸時代、情報の主軸だった本は、非常に高価なものでした。普通の人たちは、なかなか手に入れることができません。貸本屋から本を借りて読む。読んだら返す。そのスタイルが一般的でした。レンタル料は新刊が24文。旧刊が6文くらい。新しい本を購入するとなると、24文の数十倍のお金を払わなくてはなりません。この頃の物価としては、おそば一杯が16文です。本、ちょっと高過ぎますよね。普通の人たちにとっては、レンタルが妥当だったといえます。

情報誌だけではなく、読み物としての本も人気が出てきた時代です。読書を楽しみたいという人も、いまよりたくさんいました。重三郎は、そんな普通の人たちの需要に目をつけたというわけです。

この頃の貸本業は、借りにくる人をお店で待ち続けるのではなく、借りてくれそうな人がいるところへ、書店員が本を持って行くというやりかたをとっていました。重三郎も、本を背負い、お客さんのところへ通ったはずです。ここでポイントとなってくるのが、**重三郎の商売範囲、ナワバリが吉原だった**ということです。

位の高い遊女はとても教養があったので、本を読んで色々勉強していました。そんなお姉さんたちのところへ、頻繁に貸本を持って行くわけですから、**重三郎は自然と吉原に顔が利くようになります。**内情も知ることになるし、使用人の人たちとも仲良くなっていきます。そして、何より、吉原に通う有名な作家たちとコネを持つことができたのです。

「先生。私は、今度こんな本をつくりたいんですよ」

「次はうちでもかいて下さいよ」

そんな会話があったかも知れません。

コネというのは、そのまま保障になります。トレンドの発信地である吉原で生まれ育ち、自分の一族も働いている。そして、そこで書店の実店舗をかまえている。そんな出版業者って、信用できます。作家の先生たちが、蔦屋重三郎と仕事をするようになったのは、必然なのです。

貸本業は、出版社耕書堂の経営を支えるために、なくてはならない部門だったといえます。

耕書堂
いらっしゃいまし〜

『吉原細見』については、重三郎はあくまで編集者の一人でした。中身を考えてはいましたが、版元は鱗形屋孫兵衛です。重三郎は下請けと販売をしていたにすぎません。

蔦屋重三郎が初めて自分でつくって販売した本は『**一目千本**《ひとめせんぼん》』という本でした。1774年、安永3年のことになります。これも吉原遊女のガイドブックなのですが、細見とはちょっと雰囲気が違います。『一目千本』のページにかかれているものは、きれいなお花です。木蓮《もくれん》、山葵《わさび》、百合、菊、牡丹、水仙、桔梗《ききょう》と、様々なお花の絵が紙に大きく描かれています。そして、その横に○○屋、○○と何やら一言書き添えてあるのです。

実は、これは**遊女を美しい花にたとえて紹介している絵本**なのです。○○屋の○○は牡丹のように華やかで美しいですよ。○○屋の○○は木蓮のように匂い立つような色っぽいお姉さんですよ。○○なんて真っ白な百合の花のように気高い雰囲気でイケてます。といったように、人気遊女の特徴を花で表してみたのです。考えたものですよね。いまのように写真で紹介することができないから、お姉さんたちの雰囲気を精一杯伝わるようにかいたのです。

人はミステリアスなものに惹かれるものです。『一目千本』を手にとった人たちは、その抽象的な説明に、妄想が大きく膨らみました。結果、吉原への興味がいっそう掻き立てられることとなったのです。こうして『一目千本』は集客へとつながっていきました。

異色の遊女紹介本である『一目千本』は、遊郭や遊女のあいだでも評価が高いものでした。自分たちをきれいなお花にたとえて紹介してくれるなんて、素敵。粋だわ。といった具合です。

吉原は、非常に品格を重んじる遊び場でした。位の高い花魁ともなると、会うまでに面倒な手順をいくつも踏みます。買うお客さん側にも、歌や書などを理解する高い教養を求められもしました。吉原でしか通じないしきたりやマナーは数多く、それを守らないと遊べないシステムとなっていました。つまり、プライドの高い面倒くさい街だったわけです。悪い意味で「選ばれた」という意識が高かったといえます。そんな世界で高評価を得るとは大したものだったのです。

意識高い系の遊女たちが『一目千本』を気に入った理由は、販売方法にもありました。

実は『一目千本』は、店舗では売っていません。ましてや貸し出しもしていません。『一目千本』は遊郭の中でも、一流のお店だけに置かれていた本なのです。しかも、お金を出したら買えるというものでもありませんでした。遊女たちが、これはと思った「一流の」馴染み客にだけ、帰りの際、お土産としてプレゼントしていたものなのです。

いわゆるプレミア本です。**『一目千本』を持っているということは、吉原に一流の男として認められた証し**ということになります。マウントをとるのに、こんなに便利なものはなかったのです。この意味で『一目千本』に価値を感じるお客さんは非常に多くいました。

遊女を変わった方法で紹介した本に希少価値を持たせて流通させた重三郎の目論見は大当たり。『一目千本』はあっという間に大人気の本になったのです。

さて、この本を遊郭内でだけ取り扱っていたら、耕書堂の売り上げはあまり上がりません。みんなが欲しがる本でも、それだけでは市場規模が小さ過ぎたのです。『一目千本』の人気を鑑みた重三郎は、この本を一般大衆向けにも出すことにしました。

とはいえ、同じ本を出したら、希少価値が下がるし、何より不公平です。そこで、内容を変えることにします。大胆にも、お花の絵だけを載せて、その横に添えられていた遊郭と花魁の名前をとってしまったのです。それでも、これまで話題になっていたという下地があったので、一般大衆たちはこぞって『一目千本』を手に入れたということです。

耕書堂を開店し『吉原細見』の編集者兼販売元となる。『一目千本』の制作と成功。

蔦屋重三郎の出版人としてのスタートは、鳴り物入りで始まることとなったのです。文字通り、**爆誕！**という言葉がふさわしい華やかな始まりといえます。

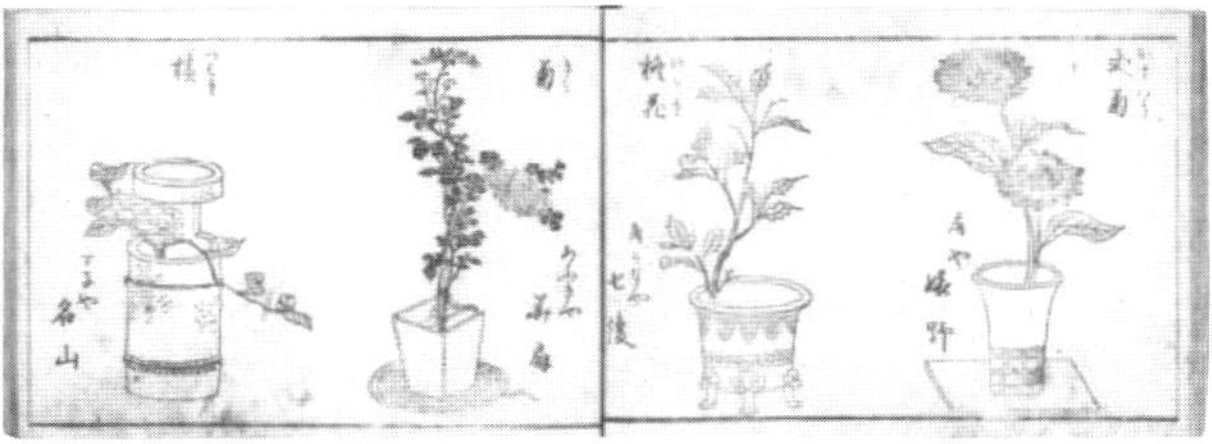

「一目千本」大阪大学附属図書館所蔵
出典: 国書データベース（https://doi.org/10.20730/100080738）

ピンチをチャンスに変えた重三郎

出版人となった蔦屋重三郎は、躍進を続けます。『一日千本』を発売した翌年の7月には『吉原細見』を出版することになったというのです。ん？　あれ。ちょっと待って下さい。確か『吉原細見』は鱗形屋孫兵衛が出版している刊行物で、重三郎は編集者兼販売元にすぎなかったはずです。重三郎が出版とはどういうことでしょうか。実はこれには、説明しなくてはならない事情があります。

孫兵衛は、この頃『吉原細見』の販売を事実上独占していました。ほかの人も同じようなガイドブックを出版していたのですが、規模が大きく有名だった孫兵衛のお店にお客さんは集中していたのです。「きいたことのあるお店」「みんなが行ってるお店」に安心感を覚える感覚、分かりますよね。

しかし、いいときばかりが続かないのが世の常です。孫兵衛にもピンチが訪れます。1775年5月に、自身の出版社である鱗形屋の社員が重板事件を起こしてしまうのです。

当時の出版業界は同じ本を出版することを「重板」と呼び、かたく禁じていました。それが業界のルールだったのです。それを鱗形屋社員徳兵衛は犯してしまいます。江戸より出版が盛んだった大阪で出た『早引節用集』という本を『新増節用集』と改題し出版してしまったのです。まったく、バレないとでも思ったのでしょうか。アホですね。

徳兵衛のやらかしは即バレてしまい、鱗形屋が訴えられてしまうことになりました。結果、徳兵衛は家財没収、江戸十里四方追放の刑。主人である孫兵衛は罰金刑というかなり重い罪になってしまったのです。

世間も吉原もルールを破った鱗形屋を許しませんでした。それまで独占販売していた『吉原細見』の刊行をNGにしたのです。「すみませんが、おたくとはもう取り引きできません。だって、重板とかダメでしょ。もう信用できないですよ」といった具合です。薄情に感じますが、これがビジネスというものなのです。

ここで、話は重三郎に戻ります。

孫兵衛のピンチは重三郎にとってのチャンスとなりました。この機を、黙って見過ごす重三郎ではありません。**ぽっかりと空いた孫兵衛の席を奪うかたちで『吉原細見』の出版に乗り出した**のです。

これまで編集者として『吉原細見』を知り尽くしていた重三郎は、気になっていた点を改善します。ページのレイアウトをより見やすいように変え、大きさも小型本から中型本にかえました。すべては読んでくれる人が「より読みやすい」ようにを意識した結果でした。蔦屋版の『吉原細見』は大人気になります。

1776年（安永5年）には、鱗形屋版の『吉原細見』も復活しましたが、時すでに遅し。見やすく、使い勝手のいい蔦屋版の『吉原細見』は、すっかり市場に根付いてしまっていたのです。こうなると、巻き返しはほぼムリです。

その後『吉原細見』の出版は蔦屋が最大手となります。そして、後年1783年には、蔦屋が『吉原細見』を独占することになったのです。年号は天明に代わり3年経っていました。

吉原細見
一目千本

欲しいのは定期刊行物

『吉原細見』は毎年、春と秋に出版される定期刊行物です。話題や人気ももちろんですが、版元が実際欲しいものは安定して入ってくる収入でした。蔦屋版『吉原細見』は耕書堂と蔦屋重三郎の名前を世間に知らしめるとともに、会社としての耕書堂の大きな収入源となりました。多くの経営者と同様、重三郎にとって本当に必要だったのは名声より、この収入というほうだったのです。

重三郎はほかにも、安定した収入源になってくれそうな本を探します。そこで目をつけたのが富本節《とみもとぶし》の正本、稽古本と往来物です。

富本節とは、浄瑠璃の流派の一つで、三味線を弾きながら唄を歌うという音楽です。この時期、二代目富本豊前太夫という歌手の人気がすさまじく高まり、富本節を習いたいといい出す人たちがめちゃくちゃ増えました。それは、もう社会現象といっていいほどでした。そこで必要となってきたのが教科書です。正本、稽古本には、富本豊前太夫が唄っている曲の歌詞やメロディが書かれています。富本節を習いたいという大勢の人たちは、みんなこの正本、稽古本を買う必要があるため、かなりの数を売ることができるわけです。

吉原生まれ、吉原育ちの重三郎は流行に敏感です。富本節のブームを見逃すわけがありません。1777年（安永6年）に、富本節の正本、稽古本の出版を始めることにしました。新しい唄の本ができれば、それを習いたい人たちがもれなく買ってくれる。その流れができ、富本節の正本、稽古本は耕書堂の経営を大きく支える収入源になって行ったのです。

富本節の本と同時期に手掛け出したのが、往来物の出版です。往来物とは、普通の家の子たちが勉強に使う教科書です。手習いと呼ばれる授業の際には、この往来物が必要とされました。

一冊の値段が安く設定されているため、利益は大きくありませんでしたが、安全だったのです。重三郎は、1780年（安永9年）から、往来物の出版も始めます。これは、毎年一回出版することができたので、安定した収入になりました。

『吉原細見』、富本節の本、往来物と経営の基盤になる定期刊行物は、ばっちり押さえました。お金の面で一息つけたので、重三郎は様々な新しいジャンルの本を出版することになります。

ここからが、天才蔦屋重三郎の本領発揮です。夢は広がるばかりだったのです。

狂歌の世界で暗躍、蔦唐丸《つたのからまる》って誰⁉

蔦屋重三郎が出版界で名前を売り始めた頃、江戸では狂歌という遊びが流行っていました。

狂歌とは、社会風刺、シャレや皮肉を五七五七七で、面白おかしく詠んだ短歌の一種です。鎌倉、室町時代からあった表現方法ですが、この天明期に大ブームが巻き起こりました。狂歌のかたちをとって、社会に物申したい大衆は、練習のためこぞって狂歌本を手に入れるようになったのです。みんなが欲しがるものをつくり、確実な収入源にすることも出版業界のやりかたの一つです。狂歌本の出版は大きな事業へとなっていきました。重三郎も、この波に乗ることにします。

狂歌は、堅苦しいものではないので、そもそもはみんなが遊びで詠むだけのものでした。詠んだ歌を記録しておくことはせず、会話の一つのように、ただ詠み捨てられていただけです。でも、ときは空前の狂歌ブーム。ビジネスマンたる出版業界人たちは、この詠み捨てられるだけの歌をまとめて本にすることを思いつきます。

アイデアマンといいましょうか。恐れ知らずといいましょうか。とにかくほかの人が思いつかないことを思いついてしまうのが、蔦屋重三郎です。この狂歌本の出版もけっこうとんでもないやりかたで、自分だけ有利に進めてしまうのです。

なんと、重三郎は**「自分も作家として狂歌の連に加わる」**という前代未聞の策をとったのです。「連」とは、狂歌を詠むグループのことです。「あー。何かいいたいわー。狂歌りたいわー」と思ったら、この連に加わって活動することが一般的でした。そこで詠まれた歌をまとめて出版していたのが狂歌本なのです。

1783年（天明3年）。重三郎は、版元でありながら、狂歌師としての活動も始めます。そのときの狂名（ペンネーム）は、蔦唐丸《つたのからまる》と名乗っていたそうです。屋号の蔦屋に、植物の蔦が絡まるをかけた名前です。単純だけど覚えやすくていい名前ですよね。

現在、国立国会図書館が所蔵している「吉原大通会」という天明期の人気狂歌師たちを描いた絵には、有名な朱楽菅江、四方赤良といった作家とともに、ちゃっかり蔦唐丸も描かれていることが確認できます。

自分も作家になって狂歌の連に加わることで、重三郎は有名な狂歌師たちとつながりをつくります。コネです。本の出版のお願いをしても「いやぁ。蔦屋さんの頼みならしょうがないなぁ」といって、狂歌師たちは狂歌本への歌の収録を承諾していきます。条件が同じで、ギャラも変わらなかったら、どうしても仲間のほうを優先させて

筆ありますよ〜
吉原大通会

しまうのが人情というもの。賢い重三郎はそれを狙って、狂歌師へと擬態していたということです。

自身も作家の一人となることで、狂歌師たちからの信頼を勝ち得た重三郎。もちろんそれだけでは終わりません。加えて、狂歌師たちへの接待も入念に行いました。たとえば、舟遊びや吉原の宴席に狂歌師たちを招待し、狂歌を詠む場所を提供する。そんなこともしました。これは、もちろんそこでできた歌を書籍化するためです。狂歌には、遊びやお酒がつきものだったので、まさにお互いにwinwin。みんなが得をする素晴らしいやりかたです。実際、重三郎がプロデュースするかたちでつくった『狂歌百鬼夜狂』という狂歌本はスマッシュヒットしました。接待が返ってきてよかったです。返ってこないことも多いですからね。

こうして狂歌本は最盛期を迎えました。ここからは下がって行くだけ。と思いきや、ブームを定着させたい重三郎は次の手段を考えます。

狂歌絵本の出版です。人気の狂歌師50人の肖像画にそれぞれの狂歌とイラストを添え、より娯楽色の強い本として流通させることにしたのです。１７８６年（天明６年）に出版した『吾妻曲狂歌文庫』という作品はこれまで以上の大ヒットとなりました。白黒ではなく、色を施されたカラー版の本で、絵は浮世絵師の北尾政演《きたおまさのぶ》（戯作者名は山東京伝《さんとうきょうでん》）です。狂歌師と浮世絵師のコラボ。なんて贅沢な！　人気になったのも頷けるというものです。

この年『絵本江戸爵《えほんえどすずめ》』という江戸名所の絵に狂歌を併せた本も出版しましたが、こちらの絵の担当はなんと喜多川歌麿。このときは、有名な絵師ではなかったのですが、重三郎はその才能にいち早く気がついていました。以後、歌麿と重三郎はタッグを組んでいくことになります。

『吾妻曲狂歌文庫』の売れ行きがよかったので、重三郎はすぐさま新作をつくります。１７８７年（天明７年）に出版した『古今狂歌袋』は、狂歌師を１００人に増やした豪華版。この本も大ヒットし、重三郎ならびに蔦屋は狂歌本、狂歌絵本というジャンルでも、一番になっていきました。

天才、重三郎の仕事

アイデアマンで、枠にとらわれない重三郎は、瞬く間に江戸出版業界を牽引する人物になっていきました。進化論を記した『種の起源』の中で、ダーウィンは「最も強いものが生き残るのではない。最も賢いものが生き残るのでもない。生き残るのは変化に対応できるものだけだ」と書いています。重三郎の強みはまさにそこにあったといえます。

勝因は既存のやりかたに従わず、**新しい作家をすすんで起用したこと**にあります。「これがいいんじゃないか」「この人が売れるんじゃないか」その目のつけどころが大衆にハマったのですから、重三郎は先見の明があったのでしょう。天才だから。その一言で片づけることもできますが、それだけが理由ではないと思います。

群を抜くものが必ずしていること。それは「全体を見ること」です。目の前の個人的な事象だけに振り回されていては、大きな変化を起こすことなどできません。重三郎の場合、江戸の大衆たちが「欲しているもの」「好きそうなもの」をよく観察していたのです。つまり、需要に対して供給をしたから、当たった。それに尽きます。重三郎は経営者でありながら、一般消費者の立場も忘れなかったのです。実はこれってなかなか難しいことなのです。人ってすぐに天狗になっちゃいますからね。重三郎は人間としてもかなりできた男性だったことが推測できます。

耕書堂を始める→『吉原細見』の販売、編集→『一目千本』を出版→富本節の本、往来物を出版→『吉原細見』の作成、出版→狂歌本の出版→狂歌絵本の出版。

重三郎の仕事の前半部はだいたいこんな流れです。こうして、重三郎は、江戸出版業界をリードするまでになりました。

ここからは、重三郎が手掛けた有名な出版物の話になっていきます。第二章に続くので、引き続きお楽しみ下さい。

コラム

江戸時代の出版業界

蔦屋重三郎が活躍する前、江戸の出版業界はあまり大きな市場ではありませんでした。これは、経済や文化が京都や大阪を中心とした上方に集中していたためです。出版業も上方のほうが断然栄えていて、江戸にある本屋は、上方資本のものか、上方の本屋の支店ばかりとさみしいものでした。

そもそも、**日本における「本」は、江戸初期に京都でつくられ始めたもの**なので、もっともな話ではあります。

それ以前ももちろん本はありました。でも、それは自分たちでつくって出版していたものではなく、仏教について書かれた海外産のものです。娯楽色はほぼなく、お堅い内容一辺倒のものでした。普通の人は手にとることもなく、持っているのは寺社や公家の貴族だけです。どうしても読みたい場合は、持っている人たちに頼んで見せてもらい、内容を自分で書き写す必要がありました。こんな具合ですから、江戸の一般大衆には、縁がありませんでした。

ところが、1700年代半ばになると事情が変わってきました。幕府があり、将軍が住んでいる江戸は日本の中心となっていきます。そうなると自然と人が集まってきます。人がいるところで、ビジネスは発展しますよね。住人や働く人が増えたことで、出版業界も拡大する流れとなって行ったのです。

江戸の大衆が好んだ本は、草双紙、浄瑠璃本、浮世絵などでした。これらは、江戸生まれの出版物で「地本」と呼ばれるようになりました。そこが産地なものを「地物」と呼ぶことがありますが、それと同じです。江戸でつくられた本は、江戸で売るとき「地本」と呼ばれたのです。地本を売る本屋は、特別扱いで「地本問屋」と呼ばれていました。地本は上方でつくられるものより、より大衆好みの傾向がありました。

江戸の出版業界が成長し、出版物が増えると、幕府は本が社会に及ぼす影響力を懸念し始めます。ペンは剣よりも強し。情報はどんなものよりも力があります。それこそ人間の思想や言論を変えてしまうことなど容易いのです。

1722年（享保7年）11月に、江戸幕府は出版統制令を発します。このときの統制令は、**江戸の出版業者たちにそれぞれ仲間をつくらせ、お互いに本の中身を規制させ合う**といった内容のものでした。幕府に関して何か書いていないか。マイナスになるようなことはないかをチェックさせ合う。こうすることによって、幕府に対してダメなことを書いてある本をいち早く見つけ、市場に流通させないということを目論んだのです。

幕府は自分たちにいいように情報統制をしようとしますが、ここで片手落ちします。なんと、**地本問屋に限って、仲間をつくらせることを命じなかった**のです。これは、しくじりました。もともと娯楽色の強い地本です。規制してくるたんこぶがないとなれば、完全に書きたい放題。次から次に幕府に対する風刺や批判が書かれた本が出版されるようになってしまいます。当たり前です。法の抜け穴ってこういうことをいうんですよ。

大衆は大喜びです。地本は面白いとなり、人気はますます高まって行ったのです。蔦屋重三郎が耕書堂を開いたのは、ちょうどこの頃になります。時代の流れを読み、そこに「素早く」乗ったことも重三郎の才覚の一つだったのではないでしょうか。

第二章　ビジネスマン重三郎

ヒット連発！　黄表紙で天下取り

多くの狂歌本をヒットさせ、狂歌絵本という新ジャンルを確立させた重三郎は、**江戸出版業界のリーダー的存在**となっていきます。いつの間にか、蔦屋はかなり名前の通った版元になっていたのです。

１７８５年（天明5年）頃からは、出版人としての蔦屋重三郎の円熟期に入ります。この頃から重三郎は黄表紙の出版に力を入れ始めます。江戸期の出版物の代表格ともいえる黄表紙について少し説明していきたいと思います。

黄表紙とは簡単にいうと、挿絵と文字で構成された物語絵本です。現代でいうと、娯楽小説のジャンルに当たるものだと考えて下さい。シャレや風刺を交えた知的で面白い表現を特徴としていたので、読者層は大人です。大人が読み物として楽しんでいた本になります。

挿絵と文字で構成された物語絵本は総称として「草双紙」と呼ばれていましたが、実はこれは時期によって呼び名が変わってきます。その時々の本の表紙の色で赤本、青本、黒本などとあだ名がつくようになって行ったのです。

赤本は子供向けのおとぎ話が中心でした。青本、黒本になると浄瑠璃や歌舞伎、社会風刺を交えた話が中心になっていき、草双紙は、大人向けの読み物へと変わって行ったのです。

1775年（安永4年）に恋川春町《こいかわはるまち》という作家が『**金々先生栄花夢**《きんきんせんせいえいがのゆめ》』という草双紙を出版します。内容は、栄華を望んで江戸にきた田舎者の男性が見たひとときの夢の話です。

主人公金村屋金兵衛は、目黒不動尊横の粟餅屋でうたた寝をしている間に、栄華を手に入れ、落ちぶれるまでを全部夢で見てしまいます。餅ができるまでのほんの数分で、です。金兵衛は、栄耀栄華のはかなさを悟り、田舎に帰って行きました。

この実にシニカルなストーリーが大衆に受け『金々先生』は、草双紙界始まって以来の空前の大ヒット作品となります。この本の表紙が黄色だったことから、以降、草双紙は「黄表紙」と呼ばれるようになりました。

重三郎がこの機を逃すはずがありません。1780年（安永9年）には、耕書堂でも**黄表紙の出版を開始**しました。

実はここでも、重三郎のビジネスマンとしての冷静な働きがありました。冷静。いや。ひょっとすると冷徹。というかズル。かも知れないのですが。

「金々先生栄花夢」国文学研究資料館所蔵
出典: 国書データベース（https://doi.org/10.20730/200015145）

当初、黄表紙の出版をリードしていたのは鱗形屋孫兵衛でした。恋川春町、朋誠堂《ほうせいどう》喜三二《きさんじ》といった人気作家とタッグを組んで、次々と人気黄表紙を出版していきます。人気作家はみな、鱗形屋の専属作家のようなかたちとなっていました。が、ここで事件が起こります。第一章でも書いたように、鱗形屋の手代が重板事件を起こしてしまうのです。多額の罰金を科せられた鱗形屋は、経営が傾いてしまいます。重三郎は、またしてもその隙を突いたというわけです。ときに、ビジネスとは非情なものですからね。やむなしですよ。

重三郎は、恋川春町、朋誠堂喜三二といった鱗形屋と組んでいた**人気作家を横取り**するかたちで、黄表紙のジャンルにも躍り出ることになったのです。

コネは保証力

ここで重三郎を助けたのが、**コネの力と文人ネットワーク**です。同じような条件だったらどうしても「普段から仲のいい人」「知っている人」と仕事をしたいと思うのは仕方のないことではないでしょうか。だって人間だもの。感情があるんだもの。重三郎は、そこを見落としませんでした。黄表紙ビジネスにもコネを大いに利用したのです。

重三郎が狂歌本のジャンルを掌握することに成功したのは、ひとえに狂歌師たちとの付き合いがあったからです。つながりをつくるため、自身も狂歌師になるという掟破りのやりかたもしたし、**吉原で作家たちを接待漬けにしたりもしました。**重三郎にとってはコネをつくることは仕事であり、努力でしかないのです。

どうぞどうぞ

結局その努力が実を結び、人気作家、狂歌師たちは、蔦屋の仕事を受けることになったのですから、やりかたがえげつなかったとしても、成功は成功だったのです。

重三郎が開いた飲み会や遊びに参加していたのは、狂歌師だけではありませんでした。たとえば恋川春町の『年の市の記』という出版物には、重三郎と作家たちとの交流が記されています。

1782年（天明2年）12月17日。春町、唐来参和《とうらいさんな》、浮世絵師の北尾《きたお》重政《しげまさ》、政演たちが蔦屋に集合し、その後、大文字屋という遊郭に行った事実が書かれています。これはもちろん重三郎主催の遊びの会です。恋川春町、唐来参和などは、狂歌もつくるし、文章も書く、おまけに絵も描けるというマルチな才能を持っていたクリエイターなので、黄表紙出版でも仕事を頼んでいたであろうことが簡単に想像できます。

人は人を呼びます。重三郎の周りには、いつでも仕事を頼める人気作家たちがこぞって集まってくるようになりました。そんな関係から、流行りの黄表紙でも春町に文章を書かせ、絵は浮世絵師の北尾重政に描かせるということをやってのけたのです。これは、人とのつながりを大切にした重三郎にしかできない戦法でした。

原稿料システムを始めた重三郎

重三郎は、春町、喜三二の横取りだけにとどまらず、今度は鶴屋喜右衛門《つるやきえもん》が使っていた山東京伝という専属作家もゲットすることに成功しました。これも、コネと文人ネットワークの賜物です。

戯作者と浮世絵師、二つの顔を持つ山東京伝は以後、重三郎の盟友としても歴史に名前が出てくるようになります。当時は、版元が作家に原稿料を支払うというシステムはありませんでしたが、重三郎は１７９１年（寛政３年）に、山東京伝に原稿料を支払っています。

盟友であり、特に人気のあった京伝だから特別扱いしたのかも知れません。この支払いがきっかけで、出版業界には、**版元が作家に原稿料を支払うという慣習**がうまれました。

娯楽のためにつくられる黄表紙は、吉原育ちで、飲み会や遊びに慣れている重三郎の気質に合っていたのでしょう。横取りとコネというエグいやりかたも駆使しましたが、重三郎は江戸の黄表紙出版も独占して行ったのです。

コラム

蔦屋のライバルたち

江戸出版業界には、蔦屋重三郎のほかにも、キラ星のごとく、輝く出版人たちが数多くいました。天明は、地本（江戸でつくられた出版物）の黎明期で、**出版業は花形の職業**だったのです。情報を操る最先端の業種には、優れた人材が集まってきました。中でも、重三郎に勝るとも劣らない活躍を見せたのが、鱗形屋孫兵衛と鶴屋喜右衛門です。

この二人もまた、充分に主役を張れるくらい多くの仕事をしてきました。重三郎がいなければ、江戸出版業界は、間違いなくこの二人が牽引して行ったことでしょう。

ここでは、重三郎のライバルといえる孫兵衛と喜右衛門にスポットを当ててみたいと思います。

鱗形屋孫兵衛

鱗形屋は明暦年間に加兵衛という人物が創業した江戸資本の版元です。出版も販売もしていました。お店は力のある書店が集まっていた江戸大伝馬町にありました。現在の東京都中央区日本橋です。孫兵衛は鱗形屋の三代目に当たります。

鱗形屋は地本問屋で、取り扱っていたのはおもに草双紙です。『花咲爺』『桃太郎』『舌切雀』と、多くの赤本（子供向けのおとぎ話）も出版した江戸を代表する版元でした。

1775年（安永4年）に鱗形屋が出版した『金々先生栄花夢』という草双紙が大ヒットします。

人気はすさまじいもので、以降、草双紙を「黄表紙」と呼ぶ社会現象も巻き起こしたくらいです。これは『金々先生』の表紙の色が黄色だったことからついたあだ名のようなものです。つまり、草双紙の代表といえば『金々先生』と大衆に認識されていたということになります。

飛ぶ鳥を落とす勢いだった鱗形屋ですが、手代の重板事件をきっかけに、下降の一途をたどることになってしまいました。重三郎はこの隙を突き、**孫兵衛の仕事や作家を根こそ**

ぎ奪ってしまったのです。ビジネスのやりかたとして、こういうやりかたもあるので、誰も責めることはできません。

ただ、重三郎の成功の土台には、孫兵衛が築き上げたネットワークや作品があったということは忘れてはいけないことでしょう。孫兵衛は必要な人物だったのです。

重板事件後は、没落の一途をたどり、晩年のことは歴史に記されていません。

鶴屋喜右衛門

鶴屋は、鱗形屋と並ぶ大きな地本問屋です。

特に錦絵のジャンルでは一番といわれていました。とても有名な版元で江戸のガイドブック『**江戸名所図会**』に、店先が描かれるほどでした。江戸の地本問屋といえば鶴屋でしょ、喜右衛門でしょ、とみんなが認める有名人だったようです。

後に重三郎の盟友ともいわれるようになる山東京伝は、もともと鶴屋の専属作家として黄表紙を書いていました。そして、この山東京伝のことも、重三郎が奪いとることになります。

喜右衛門と重三郎は作家を巡ってライバルだったようですが、曲亭馬琴《きょくていばきん》は、二人が1779年に一緒に日光へ旅行に行ったことを記しています。

これは重三郎が黄表紙に参入する前の年の話です。1779年まではライバルではなかったのかも知れませんね。

鶴屋喜右衛門も、重三郎の出版人生において、乗り越えなくてはならない高い壁だったといえます。

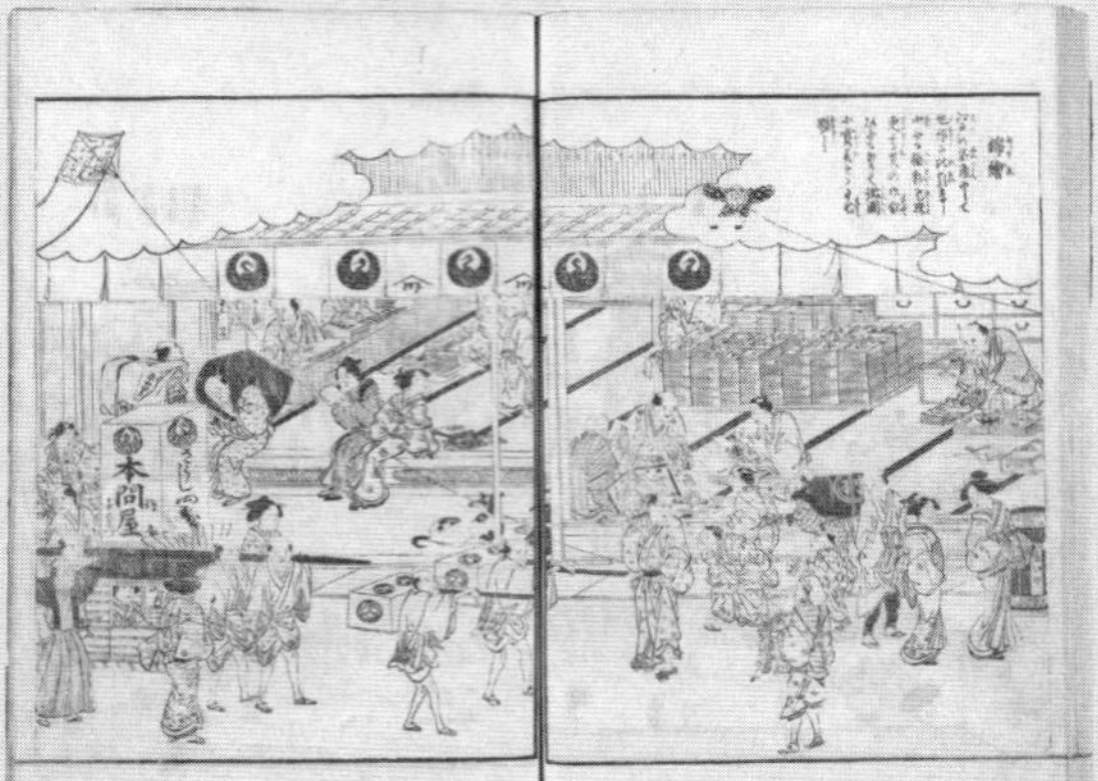

「江戸名所図会 7巻」
国立国会図書館デジタルコレクション（https://dl.ndl.go.jp/pid/2563380）

コラム

寛政の改革と出版条例

華やかな文芸作品が数多く出版された天明期も終わりの頃です。狂歌本の成功、黄表紙市場の独占を経て、蔦屋重三郎は名実ともに、江戸出版業界の重鎮となっていました。消費者である江戸の庶民たちも、文化や芸術に親しむようになり、誰もが娯楽を求め始めます。もちろん出版物もたくさん売れました。この頃は、**情報＝本**ですから、出版業界の影響力はとても強かったのです。

このまま、出版の栄耀栄華が続くかのように思われていましたが、世の中そんなに甘くありませんでした。とんでもないことが起こるのです。そこからは出版業界も、重三郎も苦難の日々を歩むことになります。

きっかけは幕府の政権交代です。権勢をふるっていた老中田沼意次が失脚。代わりに八代将軍徳川吉宗の孫に当たる松平定信が老中の座に就くことになったのです。1787年（天明7年）のことでした。

天明期、政治を統べていたのは老中の田沼意次です。田沼時代の政策は何より経済振興に重点を置くものでした。それにより、地方の農村にまで、ある程度情報が浸透し、文化も花開いたのです。出版業界の目覚ましい発展は、田沼時代だから成し得たことでした。

意次が、貨幣の価値をとても高くしてしまったことは、思わぬ弊害を生みます。ずばり、政治の腐敗です。**役人の間では賄賂が横行し、特に江戸ではお金を払えば悪いことでもできるようになってしまった**のです。いわゆる金権政治ですね。これには、日本中が頭を抱えていました。結果、当たり前ですが、意次は失脚に追いやられました。そして、定信が新しい老中に就いたのです。

この定信がかなりの堅物。30歳という若さで老中に抜擢されたくらいですから、優秀で切れ者ではあったのですが、どうも真面目が過ぎました。大衆は、田沼時代に覚えた娯楽を重要視する生きかたを簡単には止めません。本来、人生なんてそれでいいのです。が、人生を楽しむ大衆や華やかな江戸の街は、Mr真面目くんの目には「たるんでいる」「乱れている」と映ってしまったのです。

定信は、老中に就くやいなや、早速改革を始めます。社会の引き締めと、幕府の財政を立て直すことを主眼に、**クリーンで正しい政治を施行することにした**のです。腐敗した役人は容赦なく切り捨て、不真面目なことや、江戸幕府を茶化すようなことは一切禁止。派手なことは悪。倹約こそ善。そんな感じの政治体制を敷いたのです。この政治体制を**寛政の改革**といいます。

真面目にコツコツ、清貧に甘んじて生きることは美しいことです。でも、それって強制されてすることじゃないですよね。定信の改革はあっという間に反感を買うようになります。

「白河の　清きに魚も棲みかねて　もとの濁りの　田沼恋しき」

この風刺を込めた歌は有名ですよね。あんまりにも清廉潔白さを求める定信の政治では息が詰まって苦しい。ちょっと汚くてダークだったけど、田沼の政治が恋しいくらいだよ。大衆の恨み言を表したこの落首は、爆速で世に広まりました。

重三郎はそんな大衆の不満に目をつけます。市場を独占していた黄表紙は、もともと世相をパロディー化したり、意地悪っぽい風刺で笑いをとる読み物です。すぐに定信のやりかたを茶化す作品を世に送り出します。

1788年（天明8年）。朋誠堂喜三二に『文武二道万石通』という黄表紙をかかせます。文もダメ、武もダメな、のらくら武士たちのお笑いストーリーです。主人公の畠山重忠が松平定信を指していることは、挿絵によりはっきりと分かってしまうものでした。当然、大ヒットします。

翌1789年（寛政元年）にも『鸚鵡返文武二道』を恋川春町作で出版します。こちらも、定信を揶揄した内容でベストセラーとなりました。

こうなってくると嫌な予感しかしません。イジられるかたちとなった定信が黙っているわけはないのです。これは、ただの風刺の読み物ではない。政治批判の出版物だと大騒ぎし、**出版活動に規制を敷くことにした**のです。予想通りといえば予想通りのことですよね。版元も売れるからってやり過ぎたのでしょう。

1790年（寛政2年）5月から、すべての出版物に具体的な制約が課されるようになります。これは1722年（享保7年）11月に出された出版統制令の「増補」といったかたちで発令されます。10月には江戸の地本問屋が出版するものに制約が課されます。11月には貸本屋、小売本屋にまで、出版関与の禁止令が発動されました。

この統制令により、**書物、草双紙類の新規の出版は全面禁止**。どうしても出版する場合は町奉行所の指図を受けないとならなくなりました。加えて、時事を絵にすることも禁止。猥らなことや異説が書かれた本は厳重取り締まり。好色本は絶版というピンチです。こうなるともう、動きようがありません。自業自得とはいえ、**表現の自由はほぼ奪われるかたちとなってしまった**のです。

この規制を受け、出版業界と作家にも大きな変化が訪れます。表現者にとって思った通りに自由にかけない。自分のかいたものに手を入れられるということは、かなり屈辱的なことです。それこそ、死活問題になるほどなのです。

『文武二道万石通』を書いた朋誠堂喜三二にいたっては、執筆活動を自粛することになりました。喜三二は、秋田藩の江戸留守居役が本業だったので、主家の佐竹家から執筆を止めるように命令されてしまったのです。秋田藩が、江戸幕府を批判しているなんて思われるわけにはいかないですからね。仕方なかったのです。

ほかにも御家人だった、大田南畝《おおたなんぽ》もこの時期、活動を自粛しています。

喜三二のように、割り切ることができるタイプの作家はマシです。中には、どんな規制を敷かれても、自分の思いを貫こうとするタイプの作家がいます。それが、天才恋川春町でした。

恋川春町もまた、駿河小島藩士という本業がありました。春町は『鸚鵡返文武二道』のヒットから、松平定信に出頭を命じられてしまうのです。春町は、病気を理由に出頭を拒否しましたが、そのすぐ後に謎の死を遂げます。享年46歳。自殺だと考えられています。主家に迷惑をかけるわけにはいかない。思った通りのものがかけないのならと思い詰めた末のことだったのでしょうが、ヒットの代償が死だなんてあり得ないことです。

恋川春町は、絵も描ける、文も書けるマルチクリエーターでした。かき続けていれば、もっと多くの素晴らしい作品を遺したことでしょう。残念です。

版元である重三郎も無傷では済みませんでした。

1790年（寛政2年）10月の規制対象となった、地本問屋の一人が誰あろう重三郎だったのです。このとき、重三郎は盟友の山東京伝に、洒落本を依頼していました。洒落本とは、遊郭などの風俗街を舞台にした小説なため、幕府のいう「猥らなことが書かれている」「好色本」の部類に当てはまる可能性が高いものでした。

この時点で山東京伝は『仕懸文庫』『錦之裏』『娼妓絹籭』という三冊の洒落本を執筆中でした。出版できなくなっては、元も子もありません。儲けもなくなってしまいます。重三郎は出版物をチェックする役人を味方につけ、何とか、出版にまでは漕ぎつけました。でも、味方につけた役人がショボかったのか、神様が見ていたのか、やっぱりこの三冊は、統制令が規制している内容のものだと判断されてしまいます。重三郎と、山東京伝は結局、町奉行所の吟味を受けることになったのです。

1791年（寛政3年）に奉行所の判決が下ります。結果『仕懸文庫』『錦之裏』『娼妓絹籭』の三冊は絶版。**山東京伝は手鎖50日の刑。重三郎は罰金刑に処されました。**

罰金の額としては、それ相応のもので、潰れてしまうほどの金額ではありませんでした。影響が出たのは、これからの出版物です。洒落本や草双紙のような面白い本をつくると、やっぱり出版できないんだ。だったら、初めからつくるのはやめよう。そんな風に、江戸出版業界全体が自重の方向に流れてしまったのです。

蔦屋は江戸出版界の中心的会社です。**重三郎は見せしめになってしまった**わけです。

表現活動たる出版は、果たしてここで終わるのか⁉　重三郎の行く末やいかに⁉　三章に続く！

寛政の改革
質素倹約
出版統制令
政治批判
好色本
さいならー
朋誠堂喜三二
恋川春町
まって〜!!
罰金刑
うう〜

「山東京伝の店」喜多川歌麿
出典：国立博物館所蔵品統合検索システム
（URL：https://colbase.nich.go.jp/collection_items/tnm/A-10569-2001）

第三章　蔦屋と人気作家たち

新規事業は浮世絵で

出版統制令で、ピンチに陥った重三郎とその仲間たち。このまま大人しくなっていくのかと思いきや、そうならないのがヒーローです。

へー。それがダメなら別のことをするまでよ。と、巻き返しを図ります。よかった。もう、出版辞めちゃうかと心配しました。重三郎が次に力を入れ始めたのは浮世絵です。

風景や町の様子、人気役者を描く浮世絵なら、文字を中心に読ませる出版物より、規制に引っかかるリスクも低くなります。版画は、本よりも値段が安かったので、普通の人たちにもよく売れました。ビジネスとして真剣に取り組む価値のある分野です。重三郎は浮世絵で、起死回生を狙うことにします。

このとき、浮世絵のジャンルを牛耳っていたのは、西村屋与八《にしむらやよはち》という版元です。鳥居清長が描く美人画が特に人気があり、二人のタッグは他の追随を許さないものでした。

重三郎ももともと喜多川歌麿と組んで、浮世絵をやってはいましたが、西村屋と清長には追いつかなかったのです。清長の美人画は女性の全身をたおやかに描く都会的なものでした。シュッとした美しさが魅力だったのです。

才能のある清長の浮世絵を見ながら、同じテーマで描いても対抗できないことに重三郎は気がつきます。そこで、**歌麿にまったく新しい手法で美人画を描かせることを思いつく**のです。歌麿もまた、重三郎が見出した天才です。期待を上回る作品を描きます。

重三郎と歌麿。二人で編み出した新しい浮世絵。そうです。それが、**大首絵**でした。上半身だけを描き、顔立ちの美しさや、その人の持つ雰囲気をはっきりと表現した大首絵は大ヒットします。パンチの効いた絵に江戸の大衆は虜になりました。そして、重三郎は浮世絵の市場も手中に収めるまでになるのです。

同時に、喜多川歌麿は、名実ともに浮世絵界のトップ絵師となりました。

浮世絵の人物画で人気があったのは、美人画のほかに役者絵です。重三郎は、もちろん役者絵の市場にも参入します。そこで、活躍したのが、かの有名な東洲斎写楽です。**やることなすこと大成功を収めた蔦屋重三郎ですが、最大の仕事は、写楽の発掘とさえいわれています。**蔦屋重三郎は何をした人か。「写楽の人でしょ」そんな風にいわれるくらいです。写楽の人気はすさまじいものでしたが、実物を見た人間はほとんどいません。**誰が写楽だったのかは、現在に至るまで謎のまま**です。

写楽は1794年（寛政6年）5月から翌年の2月までのわずか10カ月間に多くの作品を残します。そして、忽然と姿を消してしまうのです。

写楽については後で詳しく説明するので、そちらを参照して下さい。

新しい手法、新しい絵師で、浮世絵市場でもトップとなった重三郎ですが、真面目な本もしっかり出版していました。寛政の改革では、学問が推奨されたので、学術書

良い!!
これだ!
よっしゃ〜!!

や専門書の需要が増えたのです。蔦屋重三郎。抜け目のない男です。

重三郎と愉快な仲間たち

素早く流行りに乗り、大衆が望んでいるものを見極め、それを惜しみなく与える。これは、重三郎が成功を収めることができた所以の一つです。重三郎には確かに天才的な審美眼がありました。「たぶんこうしたらいいんじゃないか」と予測したことがすべてその通りになるという神がかった力もあったのだと思います。

でも、ビジネスを拡大しようとしたら、ひとりの天才がいるだけでは無理なんです。市場を広げよう。出版物をもっと多くつくろう。利益を高めたい。そう思ったら、何が一番必要だと思いますか？　それは人です。大きな仕事をしたいと思ったらまず必要なのは自分以外の優秀な人材なのです。人がいなければ何もできない。何も始められないのです。

重三郎は出版業界で仕事をしているわけですから、欲しい人材とはすなわち作家にほかなりません。優れた才能を持つ作家がいれば、出版物は成り立ちます。それはいまも昔も変わらない事実です。

とはいえ、作家というものは気難しい。特になぜか才能のある作家ほど、付き合う相手を選ぶ傾向にあります。有名な版元だから。原稿料が高いから。そんな好条件が通用しない場合も多いのです。版元たちは、何とか作家を口説き落とそうと頑張っていました。

そんな中、重三郎の周りには、多くの人気作家が集います。版元が原稿料を支払う慣習をつくったこと、飲み会で楽しい接待をしてくれること、もちろんそれらも重三郎の魅力です。でも、それだけで作家たちは重三郎を選んだのではありません。

作家連が重三郎をよしとした理由は、その**冷静さ**にあります。加えて判断能力、決断力です。文章を書いたり、絵を描いたりするほうの才能を持っている人間は、おおよそ冷静さに欠けています。バランスをとるように、自分にない部分を重三郎に求めたのです。理屈の通ったやりかたをする反面、熱い心を持つところも重三郎が気に入られた所以でしょう。

「版元蔦屋重三郎大腹中の男子なれば、御咎もさのみ思ざる気色なりし」

これは『山東京伝一代記』の中の一文です。蔦屋重三郎は器の大きい男だ。幕府からの処罰なんて物ともしていない。そう書かれています。京伝が残したこの一文からだけでも、作家たちが重三郎に寄せていた気持ちを見ることができます。いい男だ。ついていきたい。そう思っていたのがよく分かります。

ここでは、重三郎の元に集まった稀代の人気作家たちにスポットを当てたいと思います。いずれも天明期を代表する天才たちです。どんな作家たちなのでしょうか。どんな作品をつくったのでしょうか。楽しみですね。

ただ一つはっきりしていることがあります。それは、彼らがいればこその蔦屋重三郎だということです。

喜多川歌麿

浮世絵といえば、喜多川歌麿といってもいいほどの有名絵師です。歌麿は文章のほうは書きません。絵師として重三郎と長い間仕事をしていました。

罰金刑を受けた重三郎が起死回生を狙い売り出したのが喜多川歌麿でした。美人の上半身アップを描いた大首絵が大ヒットし、一躍スターになりますが、実はその前から重三郎のつくる黄表紙に挿絵を描いています。このことから**歌麿は重三郎が見出した、育てたと広くいわれています。**

1770年（明和7年）に、北川豊章の名前で絵師としてデビュー。はじめは、俳句にちょっとした挿絵を描く程度でした。

1781年（天明元年）重三郎が制作した『身《み》貌《なり》大《だい》通《つう》神《じん》略《りゃく》縁《えん》起《ぎ》』という黄表紙で、初めて「うた麿」を名乗ります。ここから、二人の長い付き合いが始まったのです。記念すべき本です。

この頃、浮世絵師について書かれた本に歌麿は「絵草子問屋蔦屋重三郎方に寓居」

と記されています。これは、**歌麿は重三郎の家に居候していた**という意味です。つまり一緒に住むほどばんばん仕事をあげていたということです。重三郎は歌麿に類まれな才能を見ていたんですね。ほかの誰かに盗られたくなかったのかも知れません。

重三郎は、歌麿の女性を描く才能を早くから見抜いていたようで、吉原の遊郭オーナーたちでつくられていた狂歌の連「吉原連」によく連れて行きました。遊郭を観察させ、女性たちとの交流が深い男性と話をさせることが目的です。それが、歌麿が描く美人画のいい糧となると判断してのことでした。こういった細やかなサポートをしてくれる版元を作家は信頼するのです。寛政の時代に入ると、歌麿は「美人大首絵」で、当代きっての人気作家となります。大首絵の誕生には、重三郎が用意した経験が少なからず影響していたといえます。まさに、二人で築き上げた功績ですね。いいコンビです。

1791年（寛政3年）に出された『婦人相学十躰』という浮世絵集は、大きな話題になります。女性の色々な仕草や、瞬間を描いた美人画集なのですが、少し仕掛けがあったのです。

実は『婦人相学十躰』は「相見」といわれる人相学の本でした。歌麿が「こういった相の女性は浮気性」「こういう人は明朗快活」などと、女性を占った結果をエロティックに描いたものだったのです。

歌麿が、本当に人相学を学んでいたとは思えませんが、多くの女性を観察してきたためか、びっくりするほど歌麿の読みは当たっていたんだそうです。占いは統計学といいますからね。面白がって女性も男性も飛びついたというわけです。

『婦人相学十躰』の大ヒットを受け『婦女人相十品』という浮世絵集も出版します。こちらも大人気です。現在、東京国立博物館が所蔵している**「ポッピンを吹く娘」**という作品はこの『婦女人相十品』の中の一枚です。

当時大流行した市松模様に桜を散りばめた柄の着物を着て、綺麗に結い上げられた髪の女性がビードロを吹いている構図の絵です。浮世絵の美人画を紹介するときに、よく使われる代表的な作品なので、見たことがあるかも知れません。軽く頬を膨らませ、おちょぼ口を尖らせた表情に、愛らしさを感じてしまいます。

『婦女人相十品』では、より女性の日常に注目しました。たとえば、着物の前がはだけた格好で煙草（煙管）を吸う姿、遊女から夫に届いた手紙を嫉妬の眼差しで見る顔などがいい例です。

歌麿は本当に何気ない仕草から、その女性の内面を描き出そうとしました。そんなところに大衆は親近感を覚えたのです。人って自分の知っていることとか身近なものに、案外興味を持つんですよ。

どかんとインパクトのある大首絵でありながら、その筆致は淡く繊細で柔らかい。それまでは、美人画といえば極彩色の鮮やかな作品が中心だったので、歌麿の新しい手法は話題になります。そして、たおやかな美しさにみんな夢中になったのです。でも、絵がちょっとエロかった。幕府は歌麿の絵は風紀を乱すとして、たびたび取り締まりの対象とします。芸術家はそれでも、表現をやめないんです。

１８０４年（文化元年）には、ついに手鎖50日の刑に処されてしまいます。そして、その２年後、静かに息を引き取ります。

「婦女人相十品・ポッピンを吹く娘」喜多川歌麿
出典：国立博物館所蔵品統合検索システム
（URL：https://colbase.nich.go.jp/collection_items/tnm/A-10569-546）

重三郎は歌麿の才能が開花するようにあらゆるサポートをしました。家に住まわせ、仕事を与え、人を紹介する。経験を積ませる。そして、歌麿はそれに応えるかたちで、数々の素晴らしい作品を遺したのです。なんて、理想的な関係でしょうか。

天才同士は魅かれ合うものです。それは、自分と同じ高度を飛んでいる仲間をやっと見つけた感覚だったのかも知れません。

重三郎と歌麿。稀代の天才二人は、文字通り二人三脚で浮世絵の世界を駆け抜けたのです。

山東京伝

蔦屋重三郎ともっとも濃い関係性を築いた作家は、山東京伝です。

京伝は、もともと地本問屋の鶴屋喜右衛門の専属作家でしたが、あまりに優秀だったため、重三郎が横取りし、耕書堂で仕事をすることになりました。

横取りといっても、泣いて嫌がる京伝と喜右衛門を力ずくで引き離したわけではありませんよ。京伝は、単に自分の才能をさらに伸ばしてくれそうな重三郎を選んだだけです。

作品の管理や金銭について、さらには人間関係についてもサポートしてくれる仕事相手が必要だったのでしょう。京伝と重三郎の仲は、とても良好で、後に二人は**盟友**とまで呼ばれるようになります。選択は正しかったというわけです。

耕書堂を代表する作家の山東京伝は1761年（宝暦11年）、江戸、深川の木場で生を受けました。そのまま13歳まで木場で家族と暮らしています。

当時の木場は岡場所といわれる政府非公認の売春街でした。江戸でも最大の岡場所地域だったので、風俗街のど真ん中で生活していたことになります。世の中を斜めに見たシニカルな黄表紙を得意とした京伝には、岡場所育ちが影響していたのかも知れません。

風俗街はすなわち繁華街です。栄えている町の中心です。そういった意味では、京伝も重三郎と同じく、シティボーイだったわけです。生まれの共通点も二人が支え合った理由の一つでした。お互いの考えかたや生きかたを理解することができたのです。

山東京伝は実に多彩な人物で、文章も書くし、絵も描きました。加えて京橋で煙草入れの販売店も経営していたというから驚きです。どれだけ働けば気が済むんだといいたくなります。

作家としては1778年（安永7年）に刊行された『お花半七《はなはんしち》開帳《かいちょう》利益札遊合《りやくのめくりあい》』の挿絵を描いたことがデビューだといわれています。このときは**北尾政演**と名乗っていました。

重三郎と初めて仕事をした作品は1782年（天明2年）に出された『手前勝手御存商売物』です。この本の挿絵を描いたのが京伝だといわれています。ここから京伝と重三郎、二人の軌跡が始まるのです。

京伝の才能を高く評価していた重三郎は1784年（天明4年）に『**吉原傾城新美人合自筆鏡**』と題した京伝の作品集を刊行します。作家個人の作品集を出版するということは採算がしっかり取れると踏んだということです。仲がいいという理由「だけ」では、仕事はきません。ましてや、相手は出版鬼、蔦屋重三郎。そこには、しっかり算盤が働いたのです。

『吉原傾城新美人合自筆鏡』は、予想通り大ヒットします。そこからは、耕書堂は、山東京伝の黄表紙を中心に出版物を刊行していくことになるのです。

二人の仲は順調だし、作品もよく売れました。このまま蜜月が続くかと思いきや、とんでもないピンチが二人を襲います。出版統制令です。

遊女と客の話を将棋になぞらえてかいた『娼妓絹籭』、深川の岡場所を舞台にした『仕懸文庫』、昼間の遊郭の様子をかいた『錦之裏』。これらは山東京伝三部作として出された洒落本です。ちょっとエロくて面白い内容に誰もが夢中になりました。

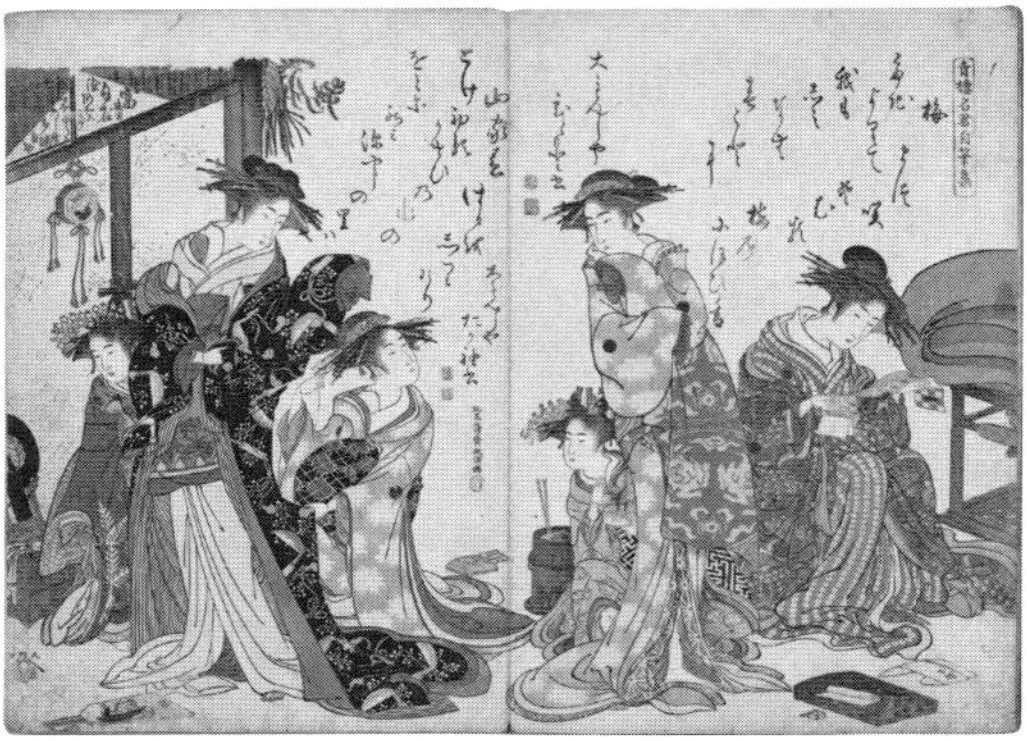

「吉原傾城新美人合自筆鏡」北尾政演
出典：国立博物館所蔵品統合検索システム
(URL：https://colbase.nich.go.jp/collection_items/tnm/A-8772)

でも、これが命取りでした。猥らで不謹慎だと判断され、出版統制令に引っかかってしまったのです。結果、京伝は手鎖50日、重三郎は財産没収の刑に処されてしまいました。

これは、ほとんど見せしめの刑です。イヤですねぇ。

まぁ、だからといって二人はつぶれることはありません。二人の才能はこんなことくらいではびくともしなかったのです。

刑が済むと、京伝はパワーアップして多くの人気作を制作します。なんだったら、奥さんが亡くなった後、23歳の吉原の遊女玉の井を身請けして再婚したりもしました。

さらに、重三郎が亡くなった後も、耕書堂から本を出版しています。

「絵組みの面白さ、書き入れの文章の巧緻、読者への奉仕、そして当世の流行をとらえ、裏面をうがつ洒落の特質を述べ、洒落本、浮世絵と同列にならぶ当世本である」

これは大田南畝が黄表紙を評した『岡目八目』に書いた、山東京伝の作品への一文です。べた褒めといっていいでしょう。

山東京伝は、蔦屋重三郎と交わることで、比類なき飛躍を遂げました。重三郎と一緒じゃなければこうはならなかったはずです。二人の歴史とお互いへの信頼が大きな力となったことはいうまでもないのです。

葛飾北斎《かつしかほくさい》

山東京伝が文を書いた黄表紙に、挿絵を描いていたのが葛飾北斎です。

現代では、代表的な浮世絵というと、北斎の「冨嶽三十六景」がとり挙げられます。**遠近法を利用した大胆な構図に力強いタッチ。鮮やかな色彩は、国内外で評価が高く、北斎は日本を代表する浮世絵師となっています。**

こんな天才と同じ時代に生きていたのですから、重三郎がちょっかいを出してないはずはありません。北斎は、もちろん、耕書堂の仕事を請け負ってはいたのですが、二人の関係は思っているよりも軽い物だったようです。それは、お互いの活動のピークが微妙にズレていたためらしいのです。

実際、北斎が代表作である「冨嶽三十六景」を描いたのは1831年（天保2年）から1834年（天保5年）にかけてのことで、1797年（寛政9年）に重三郎が亡くなった後のことでした。北斎と重三郎が仕事をしていたときは、北斎は駆け出しの絵師で、ヒットメーカーというわけではありませんでした。

重三郎の絶頂期に、一緒に仕事をしていた絵師は、喜多川歌麿と東洲斎写楽です。物事を広く全体的にみて、先のことを見据えた仕事をするのが重三郎です。そうすることによって、これまで、多くのヒット作を生み出し、市場を独占してきました。絵師についても二人の人気に甘んじることはなく、次世代の作家を常にさがしていました。そして、その眼鏡にかなったのが葛飾北斎だったのです。**重三郎はこれからの耕書堂を背負って立つ次世代の絵師として北斎を目に掛けていた**という状態でした。

それまでは黄表紙や狂歌本の挿絵を描いていた北斎ですが、ある作家と組むことで運命が動き出します。１７９２年（寛政４年）刊行の『花春虱道行』、１７９４年（寛政６年）刊行の『福寿海《ふくじゅかい》无《む》量品玉《りょうのしなだま》』で、曲亭馬琴とのタッグが見事なケミストリーを生んだのです。

馬琴が書いた物語に、北斎の緻密な絵の組み合わせはたちまち大人気となります。馬琴も北斎も、この辺りからブレイクを始めます。馬琴にいたっては後に出版する『南総里見八犬伝』が大大大ブレイクするのです。

１を１００にすることは実はそれほど難しいことではありません。だって、そもそも土台があるんですから。こつこつ努力をしていれば、意外とできてしまうことの一つです。

難しいのは０を１にすることです。まったくないところから何か創り出すことは、誰にでもできることではありません。天才が、寝食を削り、生活を犠牲にして初めて０は１を生むのです。

北斎、馬琴という後世に残る大作家二人をいち早く見つけ、組ませた重三郎には、やはり怖ろしいまでの先見の明を感じます。重三郎が何よりもすごいのは**「一番早くつくり出す」**ことにあります。真似をしていても大きなムーブメントは生み出せないのです。

重三郎が亡くなり、耕書堂は番頭であった勇助が継ぐことになります。そこからは、北斎の時代です。耕書堂のトップ絵師として、大いに活躍することになります。『画本東都遊』『東都名所一覧』『潮来絶句』『画本狂歌山満多山』などは、二代目重三郎を継いだ勇助と北斎の仕事として有名な作品です。

数々の名作を遺した葛飾北斎は１８４９年（嘉永２年）90歳で、老衰のため亡くなります。

「翁死に臨み、大息し天我をして十年の命を長ふせしめはといひ、暫くして更に謂て曰く、天我をして五年の命を保たしめは、真正の画工となるを得へしと、言訖《おわ》りて死す」

これは、死の間際北斎が遺した言葉です。「後10年。いや、5年生かせてくれれば、本物の絵師になることができたのに」。すごいとしかいいようがありません。画にとり憑かれた男の叫びが伝わってきます。

そんな葛飾北斎は晩年、画狂老人卍と名乗っていました。厨二病感あふれるペンネームに、北斎の感受性の鋭さを感じざるを得ません。

「冨嶽三十六景・神奈川沖浪裏」
葛飾北斎筆
出典：国立博物館所蔵品統合検索システム
（URL：https://colbase.nich.go.jp/collection_items/tnm/A-11177-4）

「冨嶽三十六景・江戸日本橋」
葛飾北斎筆
東京富士美術館収蔵品データベース
（https://www.fujibi.or.jp/collection/artwork/06146/）

コラム

まだまだいる愉快な仲間たち

天明期の作家たちは、例外なく重三郎の虜になりました。クールな頭に熱い心を持つ蔦屋重三郎。さらに、支払いがいい。その魅力には、どんなに気難しい作家でも抗うことはできなかったようです。

歌麿、京伝、北斎と、人気作家たちと重三郎の関係性を説いてきましたが、仲間の作家はもちろんこの三人だけではありません。ここでは、ほかの人気作家たちについても触れておくことにしましょう。

朋誠堂喜三二

戯作者として、黄表紙を書いていました。

本業は、秋田藩士で江戸詰めの武士です。役人同士の情報交換の場として吉原を利用していた関係で、重三郎と出会ったようです。

重三郎が出す吉原関係の出版物には、必ず喜三二がかかわっていました。1777年（安永6年）に耕書堂から出版された『娼妃地理記』では、吉原の遊女たちの評判を読みやすく書き、人気を博します。1783年（天明3年）からの『吉原細見』でも、序文を担当しています。

客として吉原をよく利用していた喜三二は、遊女についても遊郭についてもほかの作家より群を抜いて詳しかったのです。

耕書堂から出版された『文武二道万石通』が幕府を茶化しているといわれ、目をつけられてしまいます。結果、喜三二は、戯作者としては引退してしまうのです。

が、表現者は、何か表現したくて仕方ないんですね。晩年は狂歌師、手柄岡持《てがらのおかもち》として活躍しました。

黄表紙の市場を開拓し始めた頃、重三郎とよく一緒に仕事をしていました。**耕書堂が出す洒落と風刺のきいた黄表紙の特徴をつくりあげた作家です。**

恋川春町

文も書く、絵も描くというマルチクリエーターです。

1789年（寛政元年）に耕書堂より出版された『鸚鵡《おうむ》返《がえし》文武《ぶんぶの》二道《ふたみち》』という作品は、松平定信を茶化したもので、大評判となりました。

極端に人気が出てしまったため、春町は定信から出頭を命じられます。病気を理由に出頭を拒否した春町ですが、その後、なんと亡くなってしまいます。自殺だといわれています。

春町もまた、駿河小島藩の武士だったので、主家に迷惑がかかってはいけないと判断したのでしょう。覚悟の自死だったと考えられています。

1775年（安永4年）に洒落本の挿絵でデビューして以来、生涯に約40冊もの本を遺しました。天明期を足早に駆け抜けた天才でした。

大田南畝

天賦の才に恵まれていた重三郎にも、メンターと呼べる人物がいました。周囲の人たちからの信頼も厚く仕事ぶりも優秀。重三郎を導き、相談に乗ってくれた先輩が大田南畝でした。

南畝は、1749年（寛延2年）御徒衆、大田正智の長男として牛込御徒町に生まれました。御徒衆とは、主に将軍の警護に当たる武士のことをいいます。

母親の利世が教育熱心だったことから、小さい頃から有名な先生の元で勉強することになります。南畝は優秀だったようで、19歳のとき、平賀源内に「こいつはできる」と見出されます。作家としては1767年（明和4年）に刊行された『寝惚先生文集』という狂歌本がデビュー作です。この作品は出版されると同時に高評価を得ました。以降、武士の仕事と作家としての仕事を両立し、順調に人生を歩んで行きます。

重三郎との付き合いは、南畝が『菊寿草』という黄表紙評判記を出した1781年（天明元年）頃からです。耕書堂から出版されました。南畝は『菊寿草』の中で、朋誠堂喜三二の黄表紙『見徳一炊夢《みるがとくいっすいのゆめ》』を非常に高く評価しました。それにお礼をいうかたちで、重三郎が南畝の家を訪問したことから、二人の交流が始まります。

この頃、重三郎は黄表紙の出版を始めたばかりだったので、有名人の大田南畝が、自分のところの黄表紙を褒めてくれたことに、大きな喜びを感じました。もちろん、宣伝効果も絶大です。満面の笑みで喜ぶ重三郎が目に浮かびます。自分をよくいってくれる人に、好意を持ってしまうのは人間の性です。ここから重三郎は急速に、南畝と親しくなっていくのです。

南畝の日記には、重三郎と桜を見たとか、吉原に行ったとか、宴会をしたという記録が残されています。南畝も重三郎のことが大好きだったのでしょうね。

狂歌名・四方赤良、狂詩名・寝惚先生、戯作者名・山手馬鹿人。これらは、すべて南畝のペンネームです。狂歌、戯作の才能を持ち、業界内にも広いネットワークを持っていた南畝は、**重三郎のブレーンとして行動を共にしていた**ようです。武家出身で品格のある南畝は、重三郎のよき相談相手でした。

1823年（文政6年）、眠ったまま75歳で息を引き取るという大往生を迎えた南畝ですが、亡くなる直前に、愛人と芝居見物をし、お酒を飲んでいたそうです。非凡な才能を持つ文人らしい最期だといえます。

宿屋飯盛《やどやのめしもり》

宿屋飯盛は、天明期の狂歌四天王の一人です。宿屋という狂歌名は、実家が旅籠（旅館）を経営していたことに由来しています。

おかしなペンネームに惑わされがちですが、飯盛の本業は国学者です。古典文学中心に研究を重ね『源氏物語』の注釈書『源注余滴』、雅語用例集『雅言集覧』などを上梓しています。

飯盛は、大田南畝の門下生として、重三郎と知り合いました。二人が初めて一緒にした仕事は1785年（天明5年）刊行の狂詩本『十才子名月詩集』です。これは、漢文で詠まれた面白い詩を集めた詩集で、飯盛はその編者として、詩を選ぶ係をしました。このことは、飯盛が「詩を選べる立場」にいたということを表します。つまり、この時点でかなりの売れっ子で、権威があったということです。

同じく飯盛が選者をし、1786年（天明6年）に耕書堂から刊行された『吾妻曲狂歌文庫』は、大ヒットを飛ばします。以降『画本虫撰《えほんむしえらみ》』『絵本あまの川』『和歌夷』『古今狂歌袋』と、耕書堂から刊行される狂歌、狂詩集の選者には、必ず宿屋飯盛が起用されるようになります。

重三郎には、武家出身者や国学者のような、権威ある仲間をそばに置きたがる傾向がありました。これは、重三郎が吉原という風俗街出身だったということが影響していると考えられます。どんなに仕事で成功を収めても、お金をたくさん稼いでも、出自によって「ナメてくる」人たちっているんです。そんなとき、物をいったのが武士や学者といった育ちもよく知識も教養もある仲間たちでした。権威ある人物が親しい仲間にいれば、誰も文句はいえなかったのです。返り討ちに遭うだけですから。

親しい人たちは、仲間でありながら、そのまま重三郎の武装になっていたのです。

北尾重政

1790年（寛政2年）に『耕書堂蔵板絵本目録』というものが出されました。これは、耕書堂がこれまで出版した挿絵付きの本をすべて記載した一冊の書物です。ここに、担当絵師として何回も名前が出てくる人物がいます。それが北尾重政です。

重政は1739年（元文4年）に、小伝馬町の本屋の息子として生まれました。重三郎とは1774年（安永3年）に刊行された『一目千本』からの付き合いですから、ずいぶんと長い付き合いであったことが分かります。

続いて、1776年（安永5年）に勝川春章と合作で『青楼美人姿鏡』という遊女の画集を耕書堂から刊行します。これが大当たり。遊女や遊郭のイメージアップのために、上品で雅なイメージで描いた画が大人気を博します。豪華で美麗な錦絵は、大衆たちの度肝を抜くことに大成功したのです。いまでは、重三郎が手掛けた作品の中でも、初期の最高傑作といわれています。

この『青楼美人姿鏡』のヒットで、重三郎は一躍、江戸出版業界の寵児へと躍り出ることになります。重三郎は版元になって3年目。まだまだ新人でした。ヒット作を生むことは、大きな自信と活力につながりました。以降、重三郎は重政を絵師として重宝するようになったのです。

1786年（天明6年）に耕書堂より武者絵本『絵本八十宇治川』が刊行されます。武者絵本とは有名な武将や武士を描いた挿絵中心の書物のことです。これは、同じく耕書堂より刊行された『歴代武将通鑑』とともに、重政の代表作品となります。

多くの弟子をとった絵師としても有名で、山東京伝もその一人でした。喜多川歌麿の面倒もよく見ていたと史実に残されています。

学びたい若者に慕われ、多くの人気絵師の師となった北尾重政ですが、それを鼻にかけたりはしませんでした。ヒットメーカーとなり、大作家となっても、なお、大衆的な本にせっせと挿絵を描き続けました。そんな真摯な姿勢に、重三郎は多大な信頼を寄せていたのです。

1820年（文政3年）82歳で亡くなると、大田南畝は『浮世絵類考』の中で「近年の名人なり。重政没してより浮世絵の風鄙しくなりたり」と評しています。名人の重政が亡くなって、浮世絵界は、めっきりさびしくなってしまった、という意味です。大衆に愛され、弟子に愛され、重三郎に愛された稀代の名人でした。

北尾政美《きたおまさよし》

別名は鍬形蕙斎《くわがたけいさい》といいます。「北斎嫌いの蕙斎好き」といわれるほど、葛飾北斎と人気を二分した天明期を代表する人気絵師です。

政美が、重三郎と初めてした仕事は１７８４年（天明4年）に刊行された『早来《さあござれ》恵方《えほうの》道《みち》』という、狂歌本だといわれています。その後も20冊以上の黄表紙に挿絵を描いているので、重三郎は、よほど政美のことを気に入っていたのでしょう。二人は、しばらくは、良好な関係を築いていきます。

が、１７８９年（寛政元年）に刊行された『鸚鵡返文武二道』の出版を期に、関係は変化を迎えます。恋川春町が書いた『鸚鵡返』の挿絵を担当していたのは、誰あろう北尾政美でした。統制令に引っかかり、死者まで出してしまった本にかかわったことで、政美は身の振りかたを考えるようになったのです。自分の将来のことを一番に考えるのは当たり前のことです。安定した生活を望むことは堅実で誇らしいことだと思います。風刺色の強い黄表紙の仕事をしていれば、それは叶いませんよね。１７９４年（寛政6年）政美は津山藩の御用絵師に転身しました。ここからは、二人は別々の道を歩んで行ったようです。

重三郎亡き後、１８０４年（文化元年）には、松平定信の要請により、江戸の職人や風俗を題材にした『近世職人尽絵詞』を描きました。全部で3巻の超大作です。文章は上巻を大田南畝、中巻を朋誠堂喜三二、下巻を山東京伝が担当しました。

重三郎と一緒に多くの名作を生みだした作家たちが担当した作品です。すごくないわけがありません。臨場感溢れる作風は、幕府にも大絶賛されたということです。

多くの才人に囲まれ、重三郎はとても幸せな人間でした。しかし、これは重三郎の努力の賜物でもあったのです。ネットワークを広げるため、多くの飲み会や遊びを主催することは労力的にも金銭的にも容易にできることではありません。**重三郎は、時間も体も私財も犠牲にしたのです。すべては本のために。**

当時はなかった、版元が作家に原稿料を払うという慣習をつくったのも重三郎です。才能には対価が必要です。対価によって作家は「自分は認められているのだ」と感じ、自信が持てます。そして、信頼できる作家は、対価に応えようと、さらに力を発揮するのです。

いまでは当たり前のビジネスモデルですが、その礎をつくったのは、ほかならぬ蔦屋重三郎でした。私欲にまみれず、業界を牽引した重三郎は、やはり、尊敬に値する人物だといえるのです。

重三郎と愉快な仲間たち
喜多川歌麿
山東京伝
葛飾北斎
東洲斎写楽
曲亭馬琴
朋誠堂喜三二
恋川春町
大田南畝
宿屋飯盛
北尾重政
北尾政美
その他
おかえりなさいよ
ただいま
歌麿は重三郎の家に居候
「吉原傾城新美人合自筆鏡」
さすが天才！刊行決定♪
山東京伝
最高！刷っちゃおー！
朋誠堂喜三二
「文武二道万石通」

コラム

東洲斎写楽の正体

浮世絵界最大の謎といえば、写楽です。**わずか10カ月の活動期間中に140点もの役者絵、相撲絵、武者絵を残した不世出の天才絵師。**人物の顔の特徴を大胆なまでに強調した画風が珍しがられ、デビューと同時に一躍スター絵師に躍り出ました。大胆で力強い絵は、ちゃきちゃきとした江戸っ子の気質と合ったのでしょう。人気に火がつくのは本当にあっという間の出来事だったようです。

天明期の美術について知識がなくても、いまでは、誰もが写楽の名前を知っています。そして、ドアップの顔面に極端に小さく描かれた手の役者絵を一度は目にしたことがあると思います。

では、写楽は、なぜ、こんなに有名なのでしょうか。なぜ、浮世絵界最大の謎なのでしょうか。それは、写楽の正体が2024年現在に至っても、誰だか分かっていないからです。これは、とんでもないミステリーといえます。

写楽は、デビューからして鮮烈でした。1794年（寛政6年）に、いきなり28点もの大首絵を発表したのですから。これは、デビュー作としては前代未聞の多さでした。

実際、その絵もこれまで見たことのない作風でした。まず、背景が違います。黒雲母という輝石を細かく砕いて混ぜ、絵の角度や見る場所を変えると、全体がきらきらと光って見えるという仕掛けを施しました。

さらに、大首絵に描かれている役者の顔がこれまでと違って圧倒的におかしかった。見開いた目は、不自然なまでにつり上がり、鼻は大きな鷲鼻。しゃくれて飛び出た顎に受け口と、およそ美しいものではなかったのです。顔の特徴をこれでもかと誇張した描きかたに、大衆は驚きました。「ええ！　こんな風に描いてもいいの⁉　怒られるよ」といった具合です。

それでも、写楽の画は、魅力的で、誰もが惹きつけられたといいます。そして、爆発的なヒットへと繋がったのです。

どうでしょうか。これをまったくの無名。いえ。それどころではありません。きいたこともない絵師が初見でやってのけたのです。しかも、本人が姿を現さない。**「私が写楽です」**

と名乗る者もいなければ、写楽を知っているという人もいないのです。デビュー後も絵だけはどんどんできてくるのに、作者の実体がない。まるで幽霊のような絵師は、驚異としかいいようがなかったのです。これって、話題性抜群ですよね。いまでいうと、歌手のAdo さんのようなものでしょうか。ミステリアスなアーティストってそれだけで破壊力があるんですよ。だから、素顔や本名を絶対に明かさないアーティストが存在するのです。

　突如現れた謎の絵師写楽に、大衆の熱は爆上がりします。ここで、改めて注目したい事実があります。それは、**写楽の画は、すべて蔦屋重三郎が出版している**ということです。つまり、写楽の仕掛人はほかならぬ重三郎だったのです。

まず、鮮烈なデビューをさせる。これまでとは違う手法を駆使し、豪華で目立つ絵を描かせる。正体は明かさない。さっとデビューして、さっといなくなる短期間の活動。この筋書きを書いたのは、もちろん重三郎です。すべては、絵を売るための策略でした。写楽の才能に惚れ込んで、純粋に売り出したいと思った部分もあったのでしょう。でも、そこは、ビジネスマン重三郎です。7、8割はこうすれば売れるという目算の元で動いていたのだと思います。重三郎は多くのアーティストを売り出してきたプロデューサーでもあり

「市川鰕蔵の竹村定之進」東洲斎写楽
東京富士美術館収蔵品データベース収録
(https://www.fujibi.or.jp/collection/artwork/03629/)

ます。これくらいの奇策、思いついてしかるべきです。

そんな写楽の正体には、諸説あります。有力説は、阿波徳島藩（現在の徳島県）蜂須賀家お抱えの能役者、斎藤十郎兵衛《さいとうじゅうろべえ》が正体というものです。これは、斎藤月岑《さいとうげっしん》という作家が『増補浮世絵類考』の中で写楽を説明する際に「俗称斎藤十郎兵衛、八丁堀に住す。阿州侯の能役者也」と記したことに端を発しています。実際に、八丁堀に住んでいる十郎兵衛という能役者は存在していました。そして、その十郎兵衛が、一年間、役者を休んで絵の制作に励んだ、という記録があるので、信憑性があるといわれています。

また、写楽の画は役者の顔の特徴を写実にとらえていたので、これは、ものすごく近くで見ることができないと分からないだろう→おそらく、写楽も役者だな。という世論も影響していると考えられています。写楽＝十郎兵衛は、写楽研究では定説です。

そのほかには、**実は写楽は複数人いたという説**も広く知られています。というのも、活動期間10カ月という割には、出された作品が多過ぎるのです。一人であの緻密な絵を140点も描けたのかなと思うと、確かにそれは難しいという結論にたどり着いてしまいます。

加えて、写楽の画の作風の変化も、写楽複数人説の所以です。写楽の画は大きく4期に分かれています。それぞれの期で、ものすごく作風が違うのです。それは、同じ人間が描いたとは思えないほど違うわけです。

・第一期　１７９４年（寛政6年5月から6月）
大首絵、背景黒雲母、落款が「東洲斎写楽」
・第二期　同年（7月から10月）
全身像、背景なし、一枚の画に二人の役者
・第三期　同年（11月からの2カ月間）
絵の大きさが変わる、落款が「写楽画」
・第四期　１７９５年（寛政7年1月）
武者絵中心になる

通常、同じ作家だったら、こんな風に題材や絵の大きさが大幅に変わったりしません。自分の作品だという証拠の落款を変えるということもおかしなことです。この点から、写楽とは、工房のことで、何人もの絵師がかわるがわる描いていたのではないかといわれているのです。そうであれば、合点がいくのです。

この二説以外にも、写楽の正体は多く議論されています。デビュー時から完成度が高かったので、実は超有名絵師が写楽だったのではないかともいわれています。たとえば、葛飾北斎や喜多川歌麿も候補に挙がった絵師の一人です。

面白いところでは、重三郎本人が写楽だったのではないかという説もあります。あるいは、流れ着いた西洋人が描いたものだとか。いずれにしても、現在に至るまで、写楽の正体ははっきりしていません。

はっきりいって、謎は謎のままのほうが、引きがあるので、このままのほうがいいと感じています。分かっていることは、東洲斎写楽という天才は、彗星のごとくあらわれ、瞬く間に消えたということだけです。

作家のすべては、実体にではなく、作品にあります。遺された作品が並外れて優れている。それだけが写楽の真実なのです。

東洲斎写楽
写楽～♡
キャー
キャ～!!
かおみせて～♪
オー!!
正体は
実は複数人？
重三郎？
北斎？
歌麿？
能役者？
現在に至るまで
謎のままである

「名所江戸百景・よし原日本堤」歌川広重
国立博物館所蔵品統合検索システム
（URL：https://colbase.nich.go.jp/collection_items/tnm/A-10569-7391）

第四章　蔦重の聖地　江戸吉原はこんなところ

本当にあった公共遊郭　吉原

　蔦屋重三郎を語るには、吉原について少し知っておく必要があります。なぜなら、史実に残る偉大な出版人、**蔦屋重三郎を形づくった要因は吉原生まれにある**と考えられているからです。歓楽街という特殊な環境に生まれ育ったことは、重三郎の性格や、仕事のやりかたに多大な影響を与えました。そこには、利点も欠点もあったのです。

　吉原が、大きな風俗街であったことは、誰もが知るところでしょう。でも、みんな、知っているのはそれだけですよね。町全体で売春してたところでしょ。政府が認可した箱型の風俗だよね。吉原を説明する際に口に出るのはそんなところでしょうか。もちろん、その通りなのですが、ときは江戸時代なわけです。時代がいまとはまったく違うわけですよ。そうなってくると、風俗街が持っていた役割や意味も、令和のこの時代とは全然違っているのです。

吉原は、浅い街ではありませんでした。大きな存在で、たくさんの意義があった街です。一般の女性たちよりも、ずっとあか抜けていて綺麗な遊女たちは、いまでいうアイドルやタレントのような役割も担っていました。テレビやネットなんてまったくない時代です。写真もありません。女性の外見に対する情報の伝達は、絵か口コミのみです。その前に、そもそも美を比較検討できる女性の集団が、身近なところでは、吉原にしかいなかったのです。しかも、遊女たちは手が出ないほど値段が高い。そうなると、ちょっと芸能人のような扱いになってくるでしょう。遊女たちが着ている着物の柄や、メイク、髪型は女性たちの間で流行になりました。

人気、実力、美貌が伴う上位の遊女たちは、頭脳も明晰でした。ランクは外見で決まることが多かったので、将来稼ぐことができると判断された遊女たちは、幼い頃から英才教育をされるのです。読み書きや歌、詩を習い、そんじょそこらの金持ちの男性よりもずっと高い教養を身に付けていたそうです。

さらに、飲み会の場を盛り上げるトーク力もある。踊りや楽器が得意な遊女もいました。吉原にいた遊女たちは、体を売ることだけがその役割のすべてではなかったのです。

美しく華やかで、面白い遊女たちを求めて人々は吉原に集まりました。人が集まるところは、情報発信基地になります。集まった人がさらに人を呼び、観光地化もされました。吉原は、風俗街でありながら、いつの間にか、**トレンドの中心地**になっていたのです。いわゆる最先端の遊び場、一番人気の夜遊びスポット。天明期では、それが、吉原であったということを強く伝えておきます。

何せ、日本中から人々が集まり、惑溺したとんでもない魅力的な街が吉原だったと理解して下さい。

吉原概要

吉原とは、幕府の認可を受けた、公共の売春街です。いまでは信じられないことですが、江戸時代は売春が合法だったのです。もともとは現在の中央区日本橋人形町あたりにつくられたのが最初でした。でも、そこではあんまりにも都心（江戸の中心）にあり過ぎると判断され、１６５７年（明暦３年）に、千束村に移転したのが吉原伝説の始まりとなります。

広く一般に知られている、いわゆる吉原は、この移転した先の吉原のことを指します。吉原は、**だいたい３００年続いた街**です。そのうち、２６０年は千束での営業だったので、千束が吉原でいいと思います。

千束村は、いまの台東区千束四丁目、ちょうど浅草寺の裏手一体に広がっていました。中心地である日本橋辺りからはやや離れていて、周りには田んぼしかない田舎だったそうです。

街といっても、そこは風俗街。普通に住んで生活をする仕様にはできていません。全体の大きさは二町（220メートル）×三町（330メートル）、総面積は2万2000坪、**東京ドームでいうと二個ぶんくらい**です。吉原の周囲は、堀で囲まれていて、出入り口は一つです。どこからきても、大門といわれるその出入り口からしか、行き来はできませんでした。遊郭が連なる大通りは、1キロにも満たない短さ。そんな小さな人工の街でした。

吉原で、体を売る遊女は、3000人以上いたといわれています。一軒の遊郭が抱える従業員は、遊女と奉公人を合わせると100人以上です。そんな遊郭がざっと250軒以上ありました。そのほかに、飲食店やお風呂屋さんといった生活に必要な商店もたくさんありました。飲み会を盛り上げる芸人さんもいれば、ものをつくる職人さんも住んでいます。なんだかんだで、**吉原の中に住んでいる人たちは、1万人を超えていた**というのですから驚きです。

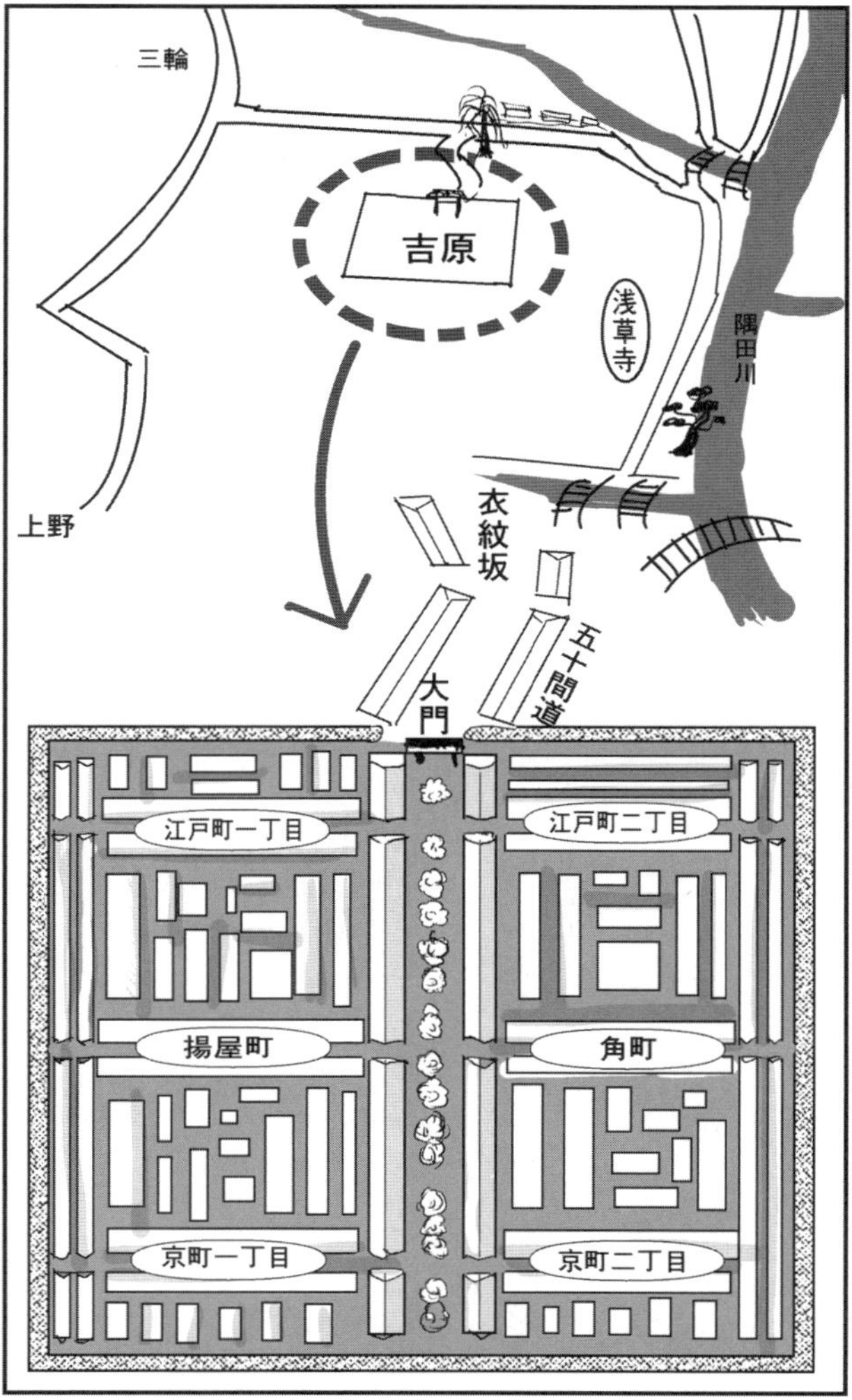
三輪
吉原
浅草寺
隅田川
上野
衣紋坂
五十間道
大門
江戸町一丁目
江戸町二丁目
揚屋町
角町
京町一丁目
京町二丁目

吉原の町並みと妓楼

天明期の吉原は、情報の発信基地であり、江戸随一の観光スポットでした。次は、その町並みや遊女が在籍する妓楼について具体的に説明していくことにします。

幕府が吉原をつくった理由は大きく分けて三つあります。一つは、何か問題が起こったときに、取り締まりをしやすくするため、二つ目は、吉原側から税金を徴収しやすくするため、三つ目は、普通の人たちが住む世界とは違うと**「隔離」**するためです。

吉原の町並みは、この三つ目の隔離という意図に基づいてつくられました。そのため、**周囲は、堀で囲まれていたし、出入り口は一つだけ**だったのです。ここは、別世界ですよ。異界なんです。そのことが外部の人間にも内部の人間にも伝わりやすいように設計された街だったのです。

公的に認可しつつも、風俗街だと差別はする。まったくめちゃくちゃなやりかたです。いまだったら、ネットが大炎上し、暴動でも起こりそうなものですが、この時代では、身分制度が明確だったため、ごく自然に受け入れられた流れでした。

吉原につながる道は日本堤とよばれた一本道です。日本堤を真っ直ぐ進み、五十間道を下ると、唯一の出入り口の大門が見えてきます。大門には、様子のおかしい人間が入ってこないためや、何よりも**「遊女が逃げ出さないための監視役」**として屈強な男性が門番として常駐していました。

大門をくぐるとそこはもう、吉原。浮世ではありません。中央に位置する大きな通りには仲之町と名前がつけられています。この道が吉原のメインストリートです。花魁道中やお祭りなどは、この仲之町で行われていました。通りに面した両側には、引手茶屋と呼ばれる、妓楼を紹介するお茶屋さんが軒を連ねています。いまでいうと、風俗紹介所と料亭が一緒になったようなお店です。

引手茶屋の一本裏手からは、町名がつけられた区画が広がっています。町名は江戸町、揚屋町、京町、角町です。妓楼はこの区分のいずれかに建てられていました。この町名は、ソープランド街となっている現在の吉原跡地にも、そのまま使われているそうです。

区画は左右対称に整然と分けられていて、人工の街ということがよく分かるつくりです。町の端の四隅には、それぞれ稲荷神社が祀られています。やはり商売を中心とした街であるということがうかがえます。

吉原で遊んだ客は、また大門を出て現実に帰って行きます。美しく楽しい遊女たちと過ごした時間は夢のようで名残惜しかったのでしょう。大門を出た辺りに、二カ所、変わった名前で呼ばれた名物の場所があります。まずは、衣紋坂。大門を出て、五十間道に入ると、坂があります。その辺りで客たちは襟を正したという謂れから、衣紋坂と名付けられたそうです。「もう帰るんだ。そろそろちゃんとしないとな」そう思う第一段階の場所がここだったのでしょう。

衣紋坂を過ぎ、吉原を背にして少し右のほうに行くと、柳の木が見えてきます。この柳は、**見返り柳**です。客は、今度はここで、名残惜しさの余り振り返って、吉原を見つめたといわれています。そのため、見返り柳と呼ばれるようになったのです。

吉原とは、訪れる客にとってはそれほど素晴らしい場所だったのでしょう。見返り柳は、現在の東京都台東区千束四丁目交差点に、石碑として遺されています。楽しいも辛いも全部見てきた見返り柳。そこに立てば、時空を超えてしまいそうです。行ってみたいような行ってみたくないような史跡です。

妓楼とは、店舗型風俗店の「店舗」にあたると思って下さい。吉原の遊女たちは、みな、妓楼の従業員として働いていました。娼「妓」が集まる「楼」（建物、店）ということで、妓楼です。その妓楼を集めて、堀などで囲った区画のことを遊郭といいます。つまり、吉原は遊郭で、吉原の中にあるお店は妓楼ということになります。

妓楼は規模と格で決まりました。格の違いでランクが変わってくるなんてなんだか、カッコいいなと感じてしまいます。

具体的には、大見世、中見世、小見世と、この三種に大別されます。それぞれどのジャンルにあるのかは、入り口横にある「籬《まがき》」と呼ばれる格子の種類で見分けます。格子とは細い角材や竹を碁盤の目のように組んだ木でできた飾りのようなものです。窓や戸に施されます。

全面が朱塗りで高級感のある惣籬があるところは、大見世です。もっとも規模が大きく、格が高い高級店のことを指します。籬が四分の一開いている半籬のお店は中見世、下半分にだけ格子が組まれた籬がある惣半籬のお店は小見世です。客は、この籬で妓楼の格をチェックし、自分に合うランクの妓楼を選んだのです。何だか面倒くさいし、分かりづらい気もしますが、粋や遊び心を大事にしていた江戸の人たちは、吉原で遊ぶための手続きから楽しんでいたんだそうですよ。

規模や格の違いはあっても、妓楼はすべて豪華で、しっかりとした造りをしていました。構造はだいたい同じです。すべての妓楼が二階建てで、一階にいるのは、妓楼の中の人たちです。つまり、掃除をしたり、お酒を運んだりする奉公人や、客を案内する係の人、実際に妓楼を動かしている従業員たちは一階の住人です。性的なサービスをしない従業員たちは、みんな一階にいました。トイレやお風呂も一階にありました。

妓楼の入り口横、通りに面したところには張見世があります。店先といえば分かりやすいでしょうか。妓楼でもっとも目立つ場所に位置し、妓楼の顔となっていました。**張見世は、格子張りになった畳敷の部屋**です。ここに、遊女たちは着飾って座り、客を引くのです。豪華な着物を着て、綺麗に化粧をした遊女たちは、宝石より価値のある美しい商品でした。客は張見世を覗き、遊女たちを品定めしたのです。観光客は「わぁ。綺麗な人たちだ。すごいや」といった感じで見物していたといいます。

冷やかしの男性客などは、色々な妓楼の張見世を覗き歩いて、あーでもないこーでもないと寸評しながら歩いていたそうです。

ここで、吉原ならではの変わった部屋を紹介したいと思います。行燈部屋です。妓楼は、その性質上、夜が中心の世界なので、部屋を明るく保つ行燈が欠かせませんでした。夜通し使っていた行燈は、朝になると使用人が回収して、行燈部屋に収納されます。行燈部屋は、妓楼の中で、一番日が当たらなく、湿っぽいところにつくられるのが一般的でした。

当時は、いまよりずっとずっと火事を恐れていた時代です。町中木造ですから、火事は絶対の絶対にダメなことでした。だから行燈は、建物の中で、一番、火がつかなそうなところにしまうことにしていたのです。

この行燈部屋は、病気になって死んでしまうという段の遊女を隔離しておく部屋でもありました。吉原を題材にした映画やテレビで観たことがあるのではないでしょうか。真っ白い顔で瀕死の状態の遊女が、窓も何もない暗い部屋に捨て置かれているシーンを。

これは現実に行われていたことです。伝染病や性病にかかり、回復の見込みがない遊女たちは、行燈部屋で放置されたのです。医者も呼ばないし、治療もしません。死ぬまで放っておかれたのです。時代とはいえ、

吉原遊郭の様子　喜多川歌麿
出典: 国書データベース(https://doi.org/10.20730/100239608)

妓楼の怖ろしい側面です。

また、お金を持っていない、あるいは足りなかった客も、迎えの人がお金を持ってきてくれるまで、この行燈部屋に閉じ込められました。妓楼の一階の隅には、そんな部屋もあったのです。

経営者である楼主も一階です。楼主は、執務や、全体のコントロールを一階からしていました。一階の一番奥の部屋は、楼主家族の空間です。楼主は、仕事が風俗経営なだけで、人間としては、ごく普通の人間です。配偶者や子供もいます。大きな妓楼の中に、住居を兼ねたプライベート空間を持っていたのです。ここは、楼主家族以外、何人たりとも立ち入り禁止のエリアでした。

一階にある入り口を入ると、広めの土間が広がっています。土間で履物を脱いで板の間に上がると、二階に続く階段があります。客はこの階段を上って遊女のいる部屋へと向かいます。二階には遊女たちの部屋のほかに、宴会場もありました。

床入れ（セックス！）も、飲み会も全部二階で行われました。

遊郭の中には、大見世、中見世、小見世のほかに、河岸見世、局見世という場所もありました。後半の見世は、端的にいうと、ものすごく低級な妓楼です。遊女の質も悪いし、設備もボロボロでした。

河岸見世は、吉原を囲むどぶの付近にありました。年季の明けたベテラン遊女や、病気持ちの遊女が主に働いていました。

局見世は、河岸見世の中でも一番安い妓楼です。相当まずい雰囲気だと思って下さい。人がやっと通れるような細い路地に、２畳ほどの部屋が並んでいます。そこを局見世といいます。遊女たちは、その部屋で客をとり、生活もしていたというのですから、かなりアットホームな妓楼ですよね。局見世は、極端に安価だったため、客はひっきりなしにきていたということです。

超高級！　知られざる遊女の世界

吉原の主役は遊女です。商品だし、買われる存在だったことは事実です。それでも、吉原を輝かせ、人々を虜にしたのは遊女たちなのです。情報を発信し、流行の最先端を体現していたのも、遊女たちでした。遊女たちは当時、江戸の中心にいたといっても過言ではないのです。

ここでは、そんな遊女たちについて学んでいくことにしましょう。

吉原にいた遊女たちの多くは、身売りされてきた境遇でした。いまのように、自分の意思で体を売ることを決めたわけではなく、家族を助けるために犠牲になった女性たちがほとんどです。

貧しい農村部の少女や、商売に失敗した商人の娘などを、女衒《ぜげん》と呼ばれる人買いたちが、買い取ります。女衒が買い取るのは10歳前後の、まだ女性になり切っていない子供たちです。そのほうが、洗脳しやすいし、芸や性について仕込みやすかったからでしょう。抵抗して逃げ出されたり、自殺されたりすることも防げます。子供のほうが管理しやすいという利点があったのです。

少女たちの代金は3両から5両。いまのお金に換算すると30万円くらいだったといいます。これが、落ちぶれた武士の娘の場合18両くらいになります。家柄がよく、血筋もいいからです。

ただし、娘を売れば今後の生活がずっと安泰だというわけではありませんでした。これで、生き延びることができる。そのくらいの金額でしかありませんでした。今日食べるものがない、こうしなければ家族全員が「いますぐに」死んでしまう。そんなどうしようもなく困窮していた家から女衒は娘を買い取っていたのです。

足元を見てひどいということは簡単ですが、売る親のほうも、買ってもらわなければ一家全員死ぬしかないという究極の選択を強いられていたのです。どちらがどうとか判断する権利は現代に生きる人間にはありません。

買い取られた少女たちは、妓楼に転売されます。遊女にするにはまだ幼い子たちは、まずは禿《かむろ》になりました。禿は、客をとらない遊女見習いです。雑用をこなしながら、遊郭のことを学んだり、遊女として生きるための躾を受けたりします。同時に、読み書きなどの勉強を教わることもできました。教育係は遊女が担当します。遊女と禿の絆は、苦界といわれる吉原ではとても強いものだったといわれています。

現在の品川区に、かむろ坂といわれる桜のきれいな坂道があります。可愛がってくれた遊女の死を悼み、後を追って自死した禿に由来されてつけられた名前だそうです。家族や味方のいない遊郭で、遊女と禿は身を寄せ合って暮らしていたのでしょう。

売られてきた少女たちにとって学習は、特別な経験です。ここで、人並み以上の才覚を発揮する子も中にはいたといいます。

廓の中にいれば、食事に困ることはありませんでした。唯一の救いです。

遊女の世界は、完全な階級社会でした。容姿や教養によって、かなり厳しく格付けされます。値段もランクによって変わってきます。

上から、**呼出し昼三**《ちゅうさん》、**昼三**、**座敷持ち**、**部屋持ち**、**新造**《しんぞう》、**禿**という呼び名で分かれています。最上位の呼出し昼三の一晩の料金は一両一分。現在のお金でいうと約13万円です。

自分の部屋を持っていたのは部屋持ちまでで、ここまでのランクの遊女のことを花魁といいました。新造は、下級遊女で、自分の部屋はありませんでした。禿はまだ客をとりません。

花魁の中で最上位の遊女のことを太夫ということもあります。太夫は、本当にアイドル、タレントという扱いだったと思って下さい。いまでいう芸能人でした。普通の人なんてとても手が出ない高値の花です。

太夫という名称は、1751年から1764年の宝暦年間に廃止されることになります。吉原の仕組みをより、分かりやすくするためです。


遊女の一日を追ってみましょう。

10時　起床。妓楼一階にある共同のお風呂で入浴、朝食、身支度、自分の部屋の掃除、化粧、髪結い、客に手紙を書いたりする、装飾品やお菓子を売りにきた商人と話したりする。禿手習い。ほか、なんだかんだ。客が帰るのは早朝。送り出した遊女は二度寝をしていて、完全に起きるのが10時。

12時　昼見世。張見世に出て、客をとる。吉原はお昼の12時からの昼見世と夜からの夜見世との2営業システム。

16時　昼食。自由時間。

18時　日が暮れると同時に夜の営業、夜見世の始まり。身支度。引手茶屋に行って、妓楼に上がる前に飲み会を盛り上げたりする。夕飯は空いた時間に適当に食べる。

22時　再び張見世に並び、客がつくのを待つ。客がつくと、二階の部屋でお仕事をする。人気の遊女は、一晩に何人ものお客さんがつくので、大変な重労働。

24時　妓楼の表戸を閉じる。就寝、夜食。夜はこれから。

2時　だいたいこのくらいの時間で、妓楼としての営業は終了。遊女たちは眠りに就ける。が、お客さんがいる限り、相手をしなくてはならないので、眠らないお客さんの場合はずっと仕事中となる。

6時　帰る客を見送る。二度寝に入る。

遊女の一日はこんな感じです。当たりの客、ハズレの客がいそうですよね。いずれにしても、これが毎日だというのですから、かなりのハードスケジュールです。

遊女の人生は大きく分けて3パターンに分けられます。**死ぬか、年季が明けるか、身請けされるか**です。年季は27歳で明けるという原則がありました。ここまで、だいたい10年間は仕事をし続けます。いまよりもずっと寿命の短かった江戸時代です。27歳というと、かなり年増の女性ということになります。

不規則な生活なうえ、毎日、色々な男性とセックスをしなくてはならない状況です。いまのようにコンドームもなければ薬も満足にありません。多くの遊女たちは、年季の明ける27歳より前に病気によって死んでしまったということです。

身請けといって、遊女の期間中に男性が身柄を請け出すというシステムもあるにはありました。身請けされれば、遊女は妓楼のものではなく、その人のものになります。でも、身請けには莫大なお金がかかったため、身請けをされる遊女はほんの一握りでした。そもそも、身請けされたとしても、だいたいが金持ちの妾です。結婚して子供を産むという当時の女性の一般的な人生は、望めませんでした。

特殊な世界で、異常な環境。苦界といわれる遊郭の中で、遊女たちは強く華やかに生き抜きました。スターです。大衆の憧れ、ずば抜けて綺麗な女の人たちでした。そのことだけを事実として遺していくべきだと思うのです。

これであなたも吉原通！　吉原の遊びかた

吉原は、日本で一番の風俗街でした。格式も高いし、規模も大きい。深夜まで営業する妓楼には、あらゆる好みに対応できる遊女たちが在籍していました。名実ともに大歓楽街だったのです。

客側も吉原には一目置くし、吉原側も、自分たちの街に誇りを持っていました。そのため、吉原には**独自のしきたり**がたくさんありました。ブランド力を高め、ステータスを持たせるためには、誰でも簡単に遊べる街では都合が悪かったのです。

遊女と同衾するまでに、客はできるだけ面倒な手筈を踏む。その面倒を乗り越えるだけの度量もお金もある客しか吉原では遊べません。男性のマウント精神こそが、吉原人気の根幹を支えていたのです。

前置きが長くなりましたが、実際の吉原での遊びかたを説明していきたいと思います。

1、情報収集　重三郎が出版していた『吉原細見』で、吉原のことを学ぶ。妓楼の格や具体的な場所をある程度調べておく。遊女の評判や名前、値段をチェックしておく。

2、張見世の前に立つ　『吉原細見』で目星をつけておいた妓楼の張見世を見る。じっくり観察し、好みの遊女がいたら指名する。男性の従業員がいるので、その人に「右から三番目の子」などと伝える。

3、二階の座敷で遊女と対面　妓楼二階の「引付座敷」に通される。ここで、指名した遊女を初めて近くで見ることができる。いいお客さんだと思われたいなら、ここで遊女とお酒を飲んで、おしゃべりをしたりする。そのほうが「粋」。「野暮」なお客さんはすぐに床入り（セックス！）にする。すぐに床入れは「床急ぎ」といわれダサいと思われる。完全に軽く見られてしまう。

4、結ばれる（セックス！）頃合いを見て、遊女の部屋へ移動。その後は、朝まで同衾。早朝6時に、遊女に見送られ解散。料金は、案内してくれた男性の従業員に支払う。

これが、吉原にきたフリーの客が遊女を買うまでの流れです。初めての遊びの日のことを初会といい、二回目にきたときは「裏」、三回目から「馴染み」の客といわれるようになりました。

二回目の裏からは何もいわず「よっ」という感じで妓楼に入って行けば大丈夫でした。なぜなら、妓楼の従業員たちは、客の顔や名前はもちろん、指名した遊女、飲み会はするか否かなどをすべて記憶していたからです。これは、客のほうとしても気分がいい。自分が重要人物になったように感じることができたのです。吉原で仕事をする人たちは、みんな高いプロ意識を持っていたのですね。尊敬します。

一点注意しなくてはいけないことは、**同じ妓楼で遊女を替えることはできない**ということです。いつもと違う遊女がいいと思ったら、客は、妓楼を変えなくてはなりません。トラブルを避けるためにも、このことは厳しく守られていました。

遊女と客の関係といえども、**浮気は厳禁**です。もし、客が別の遊女と過ごしていたことが馴染みの遊女にバレたら、大変。客は振袖を着せられ、髪を切り落とされます。そして、顔に墨まで塗られるという罰を受けるはめになったのです。

以上がフリー客の流れになります。

遊び慣れた金持ちの客たちは、もっと贅沢です。流れはだいたいこんな感じです。

1、引手茶屋に行く　上客（遊び慣れている。富裕層。武士や学者など商人より格が上）

は、大通り〈仲之町〉の両側にある引手茶屋にあがる。茶屋の女将に頼んで、妓楼から馴染みの遊女（だいたい花魁）を呼んでもらう。大見世は引手茶屋を通すことが条件。

2、花魁が引手茶屋にくる　新造や禿といった自分の子分たちを引き連れて花魁が引手茶屋にやってくる。ここで宴会が始まる。

3、妓楼に移動　適当に妓楼に移動する。花魁、新造、禿、芸人や芸者を引き連れた目立つ行列を率いて行く。

4、妓楼で大宴会

5、結ばれる（セックス！）　引手茶屋の男性従業員はここまでずっと一緒にいる。

6、引手茶屋に戻る　あくる日の朝6時くらい、あるいは客が指定した時間に、最後まで一緒にいた引手茶屋の男性従業員が客を迎えにきて、引手茶屋に戻る。花魁とは妓楼でバイバイ。客は茶屋で、簡単な朝食をとる。解散。

以上が、いわゆる上客の吉原での過ごしかたです。

○○さんは浮気しているよ
なんだって?!
おまえさん あの子といい仲らしいね
え?! なになに?!
おしおきだよ
勘弁してー

引手茶屋を通して遊ぶことはとても高くつきました。それでも、利用する客が大勢いたのは、引手茶屋が代金を立て替えてくれたからです。茶屋を通して、妓楼を利用すると、その日一日の支払いは、茶屋に行きます。客は後日「茶屋に」支払いをすればいいのです。

妓楼からすると、引手茶屋は同じ町内のよく知った店です。所在地もはっきりしているし、従業員同士も顔馴染み。とりっぱぐれる心配がないということから、特別に立て替えシステムを了承していました。**富裕層や高い身分の客は、引手茶屋をクレジットカード代わりに利用していた**というわけです。もちろん、茶屋側も、客の素性はよく把握しています。逃げられるようなヘマはしません。逃げようものなら、鬼の取り立てが待っているだけです。いったん立て替えることによって、マージン（手数料）が上乗せされた料金が返ってくるので、引手茶屋はビジネスとして大いに成り立っていたわけです。

そのほかにも、引手茶屋を通すと、妓楼が優先してくれる、遊びの手筈を全部整えてくれるから楽という利点もありました。そして、何より、一部のマウントとりたい勢からすると、引手茶屋を通すことそのものが、ステータスになっていたのです。信用のある一流の客だから引手茶屋で立て替えてもらえるんだ。大見世の花魁と過ごすんだ。そんな風に、ほかの客から羨望の眼差しを向けられたかったのです。やっぱり吉原のしきたりって面倒ですね。

コラム

破格の身請け金で落籍

名妓五代目瀬川

吉原300年の歴史の中には、現代まで語り継がれる超有名な遊女たちもいます。その中の一人、名妓と名高い五代目瀬川のお話をご紹介しましょう。

吉原のメインストリートに松葉屋という大見世がありました。そこのトップ遊女が継承していた名前が瀬川です。享保期に生まれた瀬川は、天明期までで合わせて9人（9代）いました。すべての瀬川が松葉屋の看板遊女でしたが、二代目、四代目、五代目の瀬川は、特に有名で、洒落本や芝居もつくられるほどでした。

重三郎が活躍した時代の瀬川はちょうど五代目に当たります。美しく聡明だった五代目瀬川の話は、主に悲劇として語り伝えられています。こんな話です。

五代目瀬川は、1775年（安永4年）に名代を継ぎました。そして、その年の年末には、ある人物に身請けされます。身請けされれば、体を売る仕事から抜け出すことができる世界です。通常であれば、幸運なことでした。ほとんどの遊女は、酷使され、死んでしまう運命だったので、五代目瀬川が速攻で身請けされたのは奇跡中の奇跡といえるにはいえるのです。

この話が、なぜ、悲劇なのかというと、身請けした男性の素性に原因があります。当時のお金で1400両。いまでいうと1億4000万円以上のお金で五代目瀬川を請け出したのは、なんと闇金キングだったのです。しかも、悪辣ぶりで名高い鳥山検校という嫌われ者でした。

検校とは、役職名で、鳥山というのが名前になります。検校は教養、知識の高い盲人に与えられた最高位の役職のことを指します。物事全般を調べる仕事をしたり、お寺で事務や僧侶を監督したりする重要な役目を担っていました。高い芸術力を併せ持つ検校も多かったといわれています。

検校の中で、ずば抜けて記憶力が優れた人たちは、幕府から特別に高利貸しをすることを許されていました。鳥山検校は高利貸しを営んでいた特別な検校の一人で、1万5000両ものお金を貯め込んでいたといわれています。困窮した大名や武士に高利で貸し付けし、えげつない手段で回収をするというのが鳥山検校のやりかたです。それこそ、その悪名は国中に轟いていたそうです。

金で買われて苦界に堕ちた瀬川が、またしても金で買われて行く。そして、その相手は有名な悪人。まるでマンガのような悲惨な話です。看板遊女ともなると、芸能人で人気アイドルという立ち位置がこの時代ですから、大衆の悲しみは非常に大きなものでした。

「えー！　瀬川ちゃんが、鳥山検校のものになるの!?　最悪！　あんな悪者のところに行ったら、何をされるか分からないよ。ひどいことされるに決まってる。かわいそ過ぎる」

人々は、瀬川にこれでもかと同情しました。そんな声から1778年（安永7年）には、身請け後の瀬川をモデルにした『傾城買虎之巻』という洒落本が発売されます。瀬川と客が好き同志になるも、周囲の邪魔にあい、結ばれない。瀬川は死んでしまうという内容の悲恋ものです。実際に、変な金貸しに身請けされた瀬川は、悲劇のヒロインの役にぴったりだったのです。

洒落本の話はあくまでもお話です。実際のところ、その後の五代目瀬川がどうなったのかは、文献に遺されてはいません。妾として検校と江戸を転々として暮らしていた。しばらくしてから別れたなどともいわれていますが、いずれも噂話の域を出ていない話ばかりです。

五代目瀬川のその後の中で、一つ、有力な説があります。身請け後、すぐに、瀬川は本所に住む青木健蔵という御家人と付き合うようになります。瀬川は、検校の元を飛び出し、無事、青木と夫婦となりました。そのまま仲睦まじく暮らし、けっこうな年齢まで生き、根岸（現在の東京都台東区）にて死亡、という内容です。この話は、吉原遊女の研究者たちの間では知られた説だそうです。本当だったらいいなぁと思ってやみません。

伝説の遊女、五代目瀬川。いまでも語り草になるその美貌と人気ぶりに、当時の重三郎は何を思っていたのでしょうか。いずれにしても、同じ時代、同じ場所で二人のスターが邂逅していたかと妄想すると、何だかロマンティックな気分になります。

「吉原仲之町」
国立国会図書館デジタルコレクション（https://dl.ndl.go.jp/pid/1303587）

第五章　生きた！燃えた！きらめいた！

蔦重の時代　天明

花開く江戸メディア

重三郎が生きた時代（1750年～1797年）は、ざっくりいうと江戸時代の後期に当たります。中盤より後期に近い中後期と表現されることが多いかも知れません。

この時代は、将軍が代わる毎に元号を新しくしていたので、西暦表記ではなく、和暦で表すと、非常に細かく分かれていた時代でもあります。重三郎も寛延、宝暦、明和、安永、天明、寛政と六つもの時代を生き抜きました。

中でも、**重三郎がもっとも活躍した時期は31歳から38歳にかけた天明期**です。江戸の出版文化を牽引し、盛り立てたのは蔦屋重三郎ですから、この天明期は**江戸出版文化が急速に発展した時代**でもあります。

江戸の出版業界はそれまで、正直パッとしませんでした。関西のほうでは、読み物や情報ツールとして本が幅を利かせていましたが、江戸のほうでは全然ダメ。仏教の本か教科書が細々と出回っていた程度です。それが、画期的な変化を遂げるのです。どうでしょう。興味深くないですか？

ここでは、天明期の江戸出版業界について、もう少し詳しく勉強していきましょう。しょぼかった業界がいかにしてメディアとして確立していくかが見えてきます。

娯楽としての本のジャンルが細分化されたのも、天明期に当たるとし、説明していきます。

江戸時代のメディア（情報の媒介者）は、大袈裟でなく本しかありませんでした。ネットもなければ、電話も映像もない時代です。広く何かを伝えたいと思ったら紙に書くしかなかったのです。そして、その書いたものを印刷する。それがすべてでした。口コミでは範囲が狭過ぎますからね。

本は、情報ツールであり、最大の娯楽でもあります。この時代にあった主な本のジャンルは次の通り。

・草双紙　挿絵のある読み物全般のことを指す。娯楽絵本。
・狂歌本　挿絵つきの狂歌の教科書。
・洒落本　遊郭を舞台に書かれた読み物。人物の会話を中心に書かれている。
・往来物　寺子屋で使われる教科書。
・浮世絵　町の風俗を描いた絵画。
・瓦版　いまでいう新聞。事件や災害などを伝えるもの。

この辺りが有名で分かりやすい本のジャンルです。

重三郎は、娯楽の本を中心に扱っていた版元なので、この中だと往来物と瓦版を除いたジャンルをつくっていたことになります。

江戸でもっとも人気が高かったジャンルは草双紙です。いわゆる「本」といえば草双紙を指していました。直接的な儲けにつながるので、草双紙は、内容によってそのジャンルがさらに細分化されていました。

・黄表紙　洒落や風刺を効かせた大人の読み物。世相や政治を茶化した内容のものが多い。

・赤本　桃太郎や花咲爺さんなどの昔話。子供向け。絵師が画と文章をかくことも多かった。
・黒本　恋愛ものや武勇伝。歌舞伎や芝居のあらすじ。
・青本　遊郭を舞台にした話やコメディ。
・合巻　長編。数巻分の草双紙を一冊にまとめた分厚い本。

草双紙はこのようにジャンル分けされていました。黄や赤、青といった色の名前がついているのは、それぞれの表紙の色に由来しています。黄色の表紙のものはこんな話、赤い表紙の草双紙は子供向けと一目で分かるようにつくっていたのです。なお、青本の表紙は、当時「青」と呼ばれていた現在の萌黄色（黄緑色）が使われていました。

そのほかにも、幕府の通達を伝えた「立札」、長編小説「読本」、家族や夫婦の情愛の話「人情本」など、面白そうなものがたくさんありました。このように、出版される本のジャンルが増えたのも天明期なのです。

なぜ、この時代なのかというと、彗星のように現れた重三郎の力がその礎になったのはもちろんのこと、贅沢や享楽、華やかな芸術を重んじた田沼意次が政治の実権を握っていたからでもあります。本や画に価値が生まれ、重要なものだとされたのです。金権政治を広めたと、悪くいわれがちの田沼意次ですが、楽しむことや美しいものを愛でる目を大衆に与えた側面もあるのです。

江戸の版元は書物問屋と地本問屋に分かれています。版元は、いまでいう出版社です。本の出版権を持っていて、企画、制作、印刷、製本、販売まですべてを一貫して行っていました。

書物問屋は、おもに学術書を扱っていました。歴史書や医学書、宗教に関する堅い本をつくっていたことが特徴です。当時「書物」といわれていたのは、書物問屋が扱っていた本だけです。

対して、地本問屋が扱っていたのは草双紙や浮世絵、狂歌本などです。こちらは、娯楽要素の強い本が中心の版元になります。地本とは地元江戸でつくられた江戸産という意味でしたよね。重三郎の蔦屋（耕書堂）はこの地本問屋に当たります。

版元以外でも、本を扱うお店はありました。

・貸本屋　既存の本の貸し出しをする。レンタル料が儲け。価格を考えると、手頃な貸本屋を利用することが一般的だった。

・板木屋　当時の本は、板木に文字や絵を彫って、墨を塗り、それに紙を押し当てて印刷する「木版印刷」でつくられていた。版画のやりかたを想像してもらうと分かりやすい。元になる版木を彫る職人たちも、直接本を売ることがあった。そういう小売店の書店を板木屋と呼んだ。

・世利本屋　古本屋。客が小売店に本のリクエストをすると、世利本屋が古本市場でその本をさがして小売店に持って行く。いまでもこういったシステムはあって「せどり」と呼ばれている。

・暦問屋　暦（カレンダー）の印刷、販売に特化した書店。

これらが、本の小売店として代表的なお店の種類です。小売店は、本の制作はしません。あくまでも、販売が目的です。版元がつくった本を読者に当たる購入者に売る比較的小規模のお店が多かったそうです。

天明期に確立した江戸の出版業界は、こんな感じのシステムになっていました。情報を得る媒体として、あるいは単純に娯楽として、誰もが本を欲しがりました。非常に需要が高かったのです。**当時の出版業界は、名実ともに花形の職種であり、知識層と、できるビジネスマンが集まる業界だった**のです。最先端の憧れの業界といったところでしょうか。

ぱっとしない業界を盛り立てた重三郎の功績は多大なものでした。ひらめきと実行力、理性的な頭で、一つの業界をつくりあげたのです。それもわずかな期間で、です。江戸のメディア王。その名前がふさわしいと思います。

改革と翻弄と

約260年続いた江戸時代の中でも、**天明期は改革が多く行われた時代**です。徳川の天下は決まっていたことなのですが、1716年（正徳6年）に七代将軍家継が亡くなると、ちょっとややこしくなってきました。後継者に徳川の直系がいなくなってしまったのです。

八代将軍についたのはあの暴れん坊の吉宗でした。吉宗は歴代で初めて、分家から出た将軍です。こうなってくると「何でアイツなんだ」「うちのほうが」などと揉め事が起きやすくなってくるのです。そういった流れから政策も二転三転することが多くなっていったのです。

政治の争いで割を食うのはいつだって国民です。トップの考えや、やりかたが変わる度に、やれ条例だ、やれ改革だと面倒な変革を起こされてしまっていたのです。やってられないですよね。

おまけにこの頃、外国が日本にちょっかいを出してくることも増えました。鎖国してるんだから、放っておいてくれればいいのに。きっと、豊かそうに見えて狙われていたんでしょうね。

長くなりましたが、血筋争いと、外国からの干渉を受け、天明期の大衆は改革に翻弄されることになったのです。それは、もちろん出版業界にもかかわってくることでした。時代の背景についても、知っておく必要があると判断します。

この時代、国政を実際に動かしていたのは将軍ではありません。将軍は王様というか、リーダーというか代表の役割ではあるのですが、細かいことを考えたり、政策を考えたりはしませんでした。政務を司るトップは老中です。絶対的な権力を持った政治家でした。

したがって、時代の特性はそのまま老中の個性といえるのです。重三郎が生きた時代の老中は、田沼意次と松平定信です。この二人について知ることで、おのずと当時の時代背景が見えてくるというわけです。

田沼時代

１７６０年（宝暦10年）から１７８６年（天明６年）に将軍の座に就いていたのは十代将軍家治です。老中は悪名高き**田沼意次**。家治の時代は田沼政治と、いまでもいわれています。

意次は１７１９年（享保４年）紀州藩士、田沼意行の長男として江戸の本郷に生まれました。九代将軍家重の代に、小姓として江戸城に入ったのが始まりです。家治の時代には、側用人になり、大名にまでなりました。

小姓から大名になるということは、異例の大出世です。ましてや、その後、老中にまでなるのですから、意次が尋常じゃないほど優秀な世渡り上手だったということがうかがえます。側用人から老中になったのは、徳川の歴史で、意次が最初の人物です。

田沼意次の名前は、誰もが記憶しているのではないでしょうか。そうです。教科書で習った、あの賄賂で有名な人です。**賄賂政治をつくった張本人であり、金権政治家**

の祖。それが意次です。もちろん、これはまったくの事実。多くの幕閣が出世のため意次に賄賂を贈ったことは日本史に詳しいかたの間では有名な話です。賄賂を渡すだけで出世できるなんて、ある意味楽なような気もしますが、ズルはダメなので、やっぱり認めることはできないですよね。

また、意次は商人や手工業者に対して、同業者組織を結成することをすすめました。これを「株仲間」といいます。株仲間の一員になれるのは大商人や有力な手工業者のみです。規模の大きい商売をしている人たちは、多くの税金を納めるからです。正直に真面目にやっていても、小規模の商売をしている人たちは相手にされなかったのです。

意次は、株仲間に、特権を与えました。仕入れや販売を事実上、独占させたのです。株仲間からしてみれば、こんなにいいことはありません。だって、丸儲けですやん。商売も楽で仕方ありません。こうなると、株仲間に入れた人たちは、みんな意次様様です。優遇してもらえるのは確かに意次のおかげだし、株仲間というシステムをつくってくれたのも意次。つまり、お世話になっているからです。

意次が、賄賂大好き、私腹を肥やすのが趣味ということは、武士や株仲間の間では周知の事実でした。そのため、みんな意次に媚びるため、どんどん賄賂を渡すわけです。これは、責められませんよ。で、意次は金満政治家になる。お金は力でもあるので、意次の影響力は大きくなっていくばかりです。

どうです。この見事なまでの賄賂政治の流れ。意次は頭がよかったんでしょうね。自分は最小限の労力で、勝手にお金が入ってくるシステムをつくりあげてしまったのですから。そして、その原動力は欲望。とんでもない悪党です。誉め言葉です。

意次は、賄賂をもらえれば、ちゃんと見返りを与えたので、一部のズルい武士や、大商人などからは評判がよかったようですよ。世の中には、とるだけ

田沼意次（作者不明）
牧之原市資料館所蔵

とって代償を支払わない人間もごまんといますからね。意次は誠実なほうです。

とはいえ、金持ち優遇のスタイルは、ほとんどの人たちからは嫌われていました。武士も市井の人たちも「あれは、ひどすぎる」と意次の世を非難していたといいます。

おかしなもので、どんな悪党にも、いつだって善い側面があります。意次も評価できる政策を施行しています。その一つが、**重商主義の政策**です。株仲間から多額の税金を取り立てたのも実は、この重商主義の一環でした。

ここでいう重商主義とは、商業を中心とした経済活動のことです。田沼時代から、**日本は貨幣経済や商品経済になって行った**という意味で使います。

意次が、老中になって課せられた任務は、困窮した幕府の財政を立て直すことでした。それまでは、仕事といえば農業が中心です。それだと国民みんなが真面目に働いても、経済にまでならないのが現実でした。物々交換だったり、自給自足だったりで、貨幣もあまり流通しない。商売も発展しないし、社会も形成されません。

加えて、農業はあまりにも天候に左右され過ぎでした。天災が続き、作物がとれず、飢饉が多く起きたのもこの時代です。困窮した農民たちが暴動も起こしました。これが百姓一揆です。

国がそんな状態ですから、幕府は吸い上げるものがありません。国民からなんて、逆さにしても鼻血も出ません。次第に、これまでと同様の税金や年貢では、幕府も武士たちもやっていけなくなっていったのです。

悪いことに、鎖国もしているから、貿易に期待することもできませんでした。ヤバすぎる。このままでは、戦ではなく、貧窮で幕府が倒れてしまう。天明期の江戸幕府はそこまで追い詰められていたのです。

そこで、立ち上がったのが、老中田沼意次だったのです。意次は、まず、これまでの**農業中心の日本から、商業中心の日本にかえる必要がある**と判断しました。そして、具体的に効果がありそうな政策を次々と実行していくのです。

株仲間を考えついたのも、そもそもは、賄賂が目的ではありません。どちらかというと、何が何でも多額の税金が欲しいという考えに基づいたことでした。とれるところからとる。その代わりに特権を与える。意次は、そのやりかたを選んだのです。

当時は、干ばつのほかに、水害も多かったため、干拓工事も積極的に進めました。たとえば、江戸川と利根川をつなぐ運河をつくったのは意次です。この運河で、商品の流通を活性化させることに成功しました。

また、誰もが躊躇していた外国との貿易に目を向けたのも、意次です。鎖国政策を緩め、長崎から清（中国）に食品を輸出し、金や銀を対価として獲得しました。蝦夷地（北海道）がロシアに狙われているという噂を耳にすると、意次は果敢にも、大国ロシアに通商交渉を挑んだといいます。豪胆な男なのです。

改めて意次が行ったことを見てみると、分かることがあります。それは、意次が非常に革新的な人間であったということです。そして、そのことが、江戸の出版文化を発展へと導いたのだということです。

意次は、芸術や文学のような感覚的なものに価値を見出すことに躊躇しませんでした。通常、位の高い役人たちが望むことは現状維持だけです。知らないもの、分からないもの、保証のないもの、前例のないもの、確固としたかたちのないものなどを頭ごなしに拒む傾向があります。なぜなら、未知のものは自分の地位を脅かす可能性があるからです。「いま」優遇された環境にいる人たちは、変化を好みません。求めることは継続と保身です。ただひたすらいまの自分の立場を守り抜くことに全力を尽くします。これ、どうでしょう？ ダサくないですか？ というか、そういう感性で生きていると、人生に彩りがまったくなくなる。簡単にいうとつまらないんですよ。そんなの。

政策を見れば分かる通り、意次は新しいものを受け入れ、利用する感覚を持った稀有な老中でした。そんな意次の気質が、娯楽要素の強い江戸出版業界の礎にあったことはいうまでもありません。

美しい浮世絵や心躍る黄表紙を理解する意次の感性こそが、出版を一大市場へ発展させたのです。この点からだけでも、田沼意次を見直す価値はあるといえるのです。

さて、商業経済が発展し、華やかな時代をつくってきた田沼時代も終わりを迎えます。

天災、飢饉、一揆が続き、社会情勢は悪化の一途をたどるようになります。江戸の治安は悪化し、大衆の反乱もさらに多く起きるようになりました。本当は誰のせいでもなかったと思います。それでも、人々は、意次を憎むようになりました。敵《かたき》をつくることで人間は気が休まるからです。

悪いことはすべて、商業に力を入れるあまり、農業を疎かにした意次のせい。賄賂をもらって自分ばっかり贅沢している田沼がいなくなればみんな幸せになれるんだ。金持ちばっかり優遇するとそもそも評判のよくなかった意次です。世論に煽られ、あっという間に国民の敵になってしまいました。

政治の世界は蹴落とし合いです。大衆の不満の声に呼応するように、幕府内でも反田沼派の勢力が強まってきました。1784年（天明4年）、意次の息子である若年寄田沼意知が、江戸城内で暗殺されます。これを機に、意次の力は一気に失墜。折悪しく2年後の1786年（天明6年）には、意次をとりたててくれた、十代将軍家治が病に倒れます。

意次が幕府内で絶大な力を持っていたのは、家治がすべてを意次に丸投げしていたからです。その家治が倒れてしまうということは、そのまま意次の終わりを意味しました。意次はあっけなく、老中を罷免されてしまったのです。

意次は蟄居《ちっきょ》（自宅で謹慎すること）を命じられ、ついに田沼時代は終わりを迎えました。財産や屋敷は没収され、賄賂で貯めたお金もかなり幕府にとられてしまったということです。

田沼の家は、孫の龍助が家督を継ぎはしましたが、悲惨なもの。家禄はものすごく減らされ、田舎への転居も命じられました。

1788年（天明8年）7月。意次は失意のうち、人生の幕を閉じたということです。豪胆で感性のするどい、敏腕政治家であり、日本史に遺る汚職政治家でもある田沼意次。幕引きこそ、さみしいものでしたが、その生涯は華やかなものでした。意次の政策により、江戸の商業が発展したのは紛れもない真実です。やはり、天明期が誇る偉人といえます。

定信時代

反田沼派の中心人物であり、意次のやりかたに真っ向から反発していたのが、**松平定信**です。結果的に、定信は意次を追い落とし、次の老中に就きました。

松平定信は1758年（宝暦8年）、徳川の中でも名門の田安家に生まれました。田安家は、御三卿の一つです。御三卿とは、ものすごく簡単にいうと将軍の身内、親戚の家です。将軍に跡継ぎがいない場合は、御三卿の家から跡継ぎを提供したりもします。家柄がいいところ、という理解でいいと思います。

定信は、7男として生まれましたが、上の兄弟たちが次々に早世し、気がつくと田安家の当主という立場になっていました。非常に聡明だった定信は、将軍家治の次期後継者ともいわれていたくらいです。

が、幕府から突然、陸奥白河藩松平定邦のところへ、養子に行くように命じられてしまいます。田安家は寝耳に水。定信本人も理由が分からない状況です。田安家も、定信を手放すことをかなり拒否しました。それでも、養子縁組は強行に行われてしまいます。

悪いことは続くもので、養子に行くことが決定してしまった直後、定信の代わりに田安家の当主になる予定だった兄の治察が病死してしまうのです。田安家はその後、14年間もの間、当主不在という憂き目に遭ってしまいました。御三卿の田安家にとって、このことはとんでもない屈辱でした。ちゃんとした跡取りさえ決まっていないダメな家というレッテルを貼られ、ほかの武士たちから軽んじられてしまう立場になってしまったからです。

すべては、養子縁組のせい。定信本人をはじめ、田安家の人間たちは、強行に行われた養子縁組事件に怨み骨髄。骨の髄まで根に持つことになるのです。

実は、この定信養子縁組事件の筋書きを書いたのが、誰あろう田沼意次だといわれています。若い頃から、反田沼を公言していた定信は、意次から見たら、うるさい邪魔者でした。優秀で将来有望な定信です。田安家の当主となり、順調に出世でもしたら、次期将軍という話も現実味を帯びてきます。そうなると、意次なんて、パッとクビにされてしまうのです。

不安要素は、芽のうちに潰しておこう。そうだ。定信を名門田安家から外してしまえばいいんだ。狡猾な田沼意次なら、こう考えるのではないでしょうか。そして、それを行使する力も充分にあるわけです。養子縁組事件の黒幕は田沼意次で間違いないでしょう。

真偽のほどは定かではありません。文献や証拠が残っているわけではありませんが、田安家の人間も、定信も「絶対、田沼の策略だ」と信じ、めちゃくちゃ悔しい思いをしていたそうです。定信にいたっては「田沼がオレの将軍への道を潰した」と、生涯の敵くらいに思っていたといいます。このときの怨みから、定信は、反田沼勢力のリーダーになり、最終的に意次を追い落としたといわれているのです。すごい執念。「報い」という言葉があることを、意識して生きていきたいものです。

話を戻します。定信は白河の松平定邦の養子になったわけです。1783年（天明3年）、定信は松平家の家督を継いで、白河11万石の藩主となります。このときは、飢饉が多い時代です。白河も例外ではありませんでした。それでも、ほかの地域と比べ、白河は断トツでマシ。あまりに空腹過ぎて、共食いもあったといわれるほどの天明期の飢饉です。その中、一人の餓死者も出さなかったというのですから、驚きです。

定信は、**真面目で実直な性格**です。派手なことやチャラいことが嫌いでした。**質素倹約をよしとし、自分を筆頭に、藩内の武士たちにも慎ましやかな暮らしを義務づけていた**のです。領民たちもそんな当主を見習い、必要以上に欲しがらない生活をしてい

松平定信
国立国会図書館デジタルコレクション
（https://dl.ndl.go.jp/pid/1882837）

たといいます。白河藩のそんな性質はピンチに強かったのです。

また、広い視点で物事を観察する力があった定信は、最悪の状態になる前に、江戸から稗や麦を緊急入手するという間一髪の秘策をとりました。この定信の機転により、白河藩は飢饉を生き延びることができたのです。

定信の仕事ぶりは、江戸まで届きます。飢饉を切り抜けたこと、自ら進んで行っている質素倹約の姿勢、それによって平穏に暮らす白河の領民たちなどが評価され、定信は名君と謳われるようになるのです。

定信の名前は幕府中に広がっていきました。1787年（天明7年）、意次が失脚すると、ついに定信は老中首座として幕閣に迎え入れられます。定信が初めて江戸城にあがった際に着ていたものは、綿と麻でできた質素な礼服だったといわれています。この一点からだけでも、定信の清貧を重んじる姿勢がよく分かる逸話です。

ときは、十一代将軍家斉の時代です。優秀な定信は、幕閣からの信頼も厚かったため、将軍補佐という重要な役職も与えられました。意次に邪魔されなければ、もっと早く手に入ったであろう定信の輝かしい政治家人生がここにスタートするのです。

定信に課せられた課題も、改革でした。意次は間違いなく功績も遺しました。それでも、やっぱり農民や大衆に皺寄せがきていたのも事実なんです。

意次の重商政策により、農民たちは農業を縮小せざるを得ませんでした。加えて天災です。それはもうあっという間に飢饉になりました。それでも、幕府に年貢は納めなくてはならない。作物なんてまったく獲れないのに、年貢は減らしてもらえない。どうしようもなくなった農民たちはといえば、残された手段の発狂です。当然でしょう。貧しさに耐えかねて百姓一揆や打ち壊しという暴動を起こすしかなくなってしまったのです。

結果、江戸の、というか日本の治安は悪化し、事件事故、殺し合い奪い合いがいたるところで行われるようになってしまったのです。これは完璧にマズい状況です。

定信が老中首座に就いたのは、まさにこのとき。このままにしておけば、日本が崩壊してしまうという瀬戸際でした。こうなるとちょっとやそっと国政をいじったところで、焼け石に水。抜本的な改革を行わない限り、状況を打破することはできませんでした。

定信とそのブレーンたちは、考えます。「これまでのやりかたでこうなったんだから、つまり逆の政策をとればいいんじゃないか」。その結論にたどり着き、定信は、次々と改革を行っていくのです。定信の大きな改革は1789年から1801年の寛政年間に行われました。これが、有名な寛政の改革です。日本史の中でも特に有名な改革ですよね。内容は、実に定信らしいものです。

寛政の改革のキモとなるキーワードは、ずばり質素倹約です。無駄なことは一切やめ、生きていくために必要最小限のことだけをやっていくことを推奨しました。いまでいうと、ミニマリスト的な生きかたを大衆に指南したのです。確かに、みんなが消費を減らすことは、貧しさから脱する一つの方法になります。田沼時代から打って変わり、世相は一気に地味なものになっていきます。

飢饉を体験している定信は、食料を蓄えておくことも重要だと考えます。それに、江戸幕府の財政の元は、何といっても米でした。再び米不足に陥ることのないように、大名たちに米を蔵に備蓄しておくことを義務づけます。囲い米の制です。

また、江戸の町では、それぞれの町で町費を節約させ、節約したぶんの10分の7のお金を強制的に積み立てさせました。七分金積立法です。これらは、備えあれば憂いなしという考えのもと、施行されました。

このときは、旗本や御家人といった武士たちもひどくお金に困窮していました。使ってしまっていたということもありますが、そもそも幕府が払う給料が足りていなかったのです。どうしようもなくなった武士たちはというと、裕福な商人に借金するのです。身分制度があった時代です。武士が商人に頭が上がらない状況というのも、まったく困ったことでした。

いつの時代も、お金のあるほうが強者なことに変わりはありません。武士が借金まみれになっているうち、商人はどんどん図々しくなっていきました。この頃は、ものの値段を決めるのも商人、政治を裏で動かしているのも商人という逆転の世の中になりつつあったのです。

こうした秩序の乱れは、治安悪化の理由の一つでした。本来、武士は権威がなくてはなりません。ある程度、一般大衆を抑制する力がないと社会がうまくまわらないのです。

それに気づいた定信は、棄捐令という法令をつくり、武士の救済に当たります。武士が市井の金融業者から借りているお金は、6年以上前の旧いものは返さなくていい。5年以内の新しい借金は、利子を下げて返すという、なかなかムチャクチャな内容です。

貸していた側からすると、あり得ない法令ですが、棄捐令はかなりいい具合に作用しました。武士の権威は回復し、大衆に身分の違いを見せつけることに成功したのです。確かに、まったく抑止力のない世界を築いていくわけにはいかないですからね。武士を武士足らしめる苦肉の策だったといえます。

この頃ともなると、江戸の町は、世紀末のような世界観でした。危なくて道を歩くこともままなりません。この状況も改善しなくてはなりません。定信がまず注目したことは、町中に転がっているホームレスの多さでした。みんながみんな悪いことをしていたわけではないでしょうが、やることがない人たちがその辺にいっぱいいるのはどう考えても危ない。実際、ろくなことが起こらないんですよ。

定信は江戸のホームレスや前科者を集め、石川島の人足寄場に送ります。そこで、仕事につながる技術を習得させたのです。その後、多くは、大工や建具、塗師などに転向して行ったといいます。やることがあると、生き直すことができます。定信は、多様な人たちの立場で物事を見ることができたということです。

政治家にとって一番重要なことって実はそれなんじゃないかなと思います。名君、名政治家とはつまり、大衆の希望や需要をかなえてくれる人をいうのです。

定信は、大衆や日本のことを一番に考え、真摯な改革を行いました。まぁ、そうなんですが、これが、出版業界から見るとマイナスだったんですねぇ。ミニマリストからすると、本や絵は省いていいものという分類に入れられてしまうのです。田沼時代は、派手な時代でした。商業の振興、貨幣の積極的な流通により、何となく楽し気で裕福そうな風潮が広まっていました。実際の懐具合がどうであれ、みんな余裕があるように生活していたのです。そして大衆が楽しむことを覚えた結果、本や絵などの芸術に価値が生まれたのです。

意次の革新的な気質も相まって、面白い洒落本や黄表紙、きらびやかな役者絵などが、次々と刊行されました。田沼時代の最初の頃から半ばくらいまでは、江戸の出版業界としては、もっとも華やかな時代だったわけです。出版は大きなビジネスとして確立し、最先端のメディアとして一目置かれる業界でした。

それが、質素倹約を旨とする松平定信に、受け入れられるはずがありません。それどころか、**本や絵などという娯楽なんて、最初になくしてしまうべき無駄なものと判断されてしまった**のです。

定信は、改革の一環として、出版に規制をかけます。1790年（寛政2年）には、ついに**出版統制令**が発令されました。これは、本は贅沢品だから縮小しますという名目のもと行われた、言論統制、思想統制でもありました。

幕府や世相の風刺や揶揄を書いた本は出したらダメ、遊郭を舞台にした好色本もダメ、儒学を習いたいときは朱子学しかダメとし、大衆文化を幕府が管理しやすい状況に置いたのです。

出版統制令では、我らが蔦屋重三郎や盟友の作家山東京伝なども、処罰の対象になりました。もっとも、重三郎はそんなことではつぶれません。弾圧に負けず、起死回生の新ジャンルを切り開いたことは先述の通りです。

何がいいたいかというと、重三郎も江戸の大衆たちも、順風満帆に生きていたわけではないということです。特に重三郎はとんとん拍子にメディア王に上り詰めたように思われがちですが、実際はかなりの苦労人でした。**改革や規制に翻弄され、戸惑いと迷いの中、新しいビジネスを切り拓いた猛者**だったのです。そのことを知っておいて欲しいと思います。

「白河の清きに魚も棲みかねてもとの濁りの田沼恋しき」

これは、寛政の改革を行った当時の定信政治について詠まれた落首です。意味は、ダークな部分（濁り）も多かった田沼の政治が恋しいと思うほど、清廉潔白（白河）さを求める定信の政治は息苦しい。きれいすぎる水では、魚は住みづらいんよ。といったところです。

この落首のような思いを一番抱えていたのは、娯楽産業の寵児であった重三郎です。

もちろん♪ 賄賂大好きですから
田沼様 賄賂受け取って♡
私はMr真面目君 賄賂は受け取らぬ。
白河の清きに魚も棲みかねてもとの濁りの田沼恋しき
松平様 賄賂受け取って♡

時代という濁流に飲み込まれず、次々と新ジャンルをつくりあげて行った重三郎。その冷静な頭脳には、潮流を読む能力まで備わっていたとしか思えません。
このように、歴史的背景を知ることにより、重三郎のすごさは際立ってくるのです。

庶民の暮らしと生活

この頃の江戸は、**100万人以上が暮らす大都市**でした。色々な職業の人がいましたが、武士以外の江戸住みの人たちは、ほぼ全員、長屋に住んでいました。具体的な生活の仕方や、住居の使いかたもだいたい共通しています。ここからは、実際の江戸の人たちの一般的な暮らしぶりを見ていくことにしましょう。

長屋は木と紙でできた細長い一つの建物です。その内部を薄い壁で仕切り、一部屋に一家族といった単位で住んでいました。一棟は5戸から12戸くらいに分かれていて、広さはだいたい6畳一間です。6畳一間の部屋を有効的に使えるように、井戸やトイレ、ゴミ捨て場（ドブ）は長屋の外につくられていました。住人たちはそこを共同で利用していたのです。トイレは使用中か分かるように、扉は下半分にしかありませんでした。

テレビの時代劇で観た記憶はないですか？　長屋の女性たちが井戸の周りに集まって、野菜を洗ったりおしゃべりしたりするシーンです。あの雰囲気はかなり忠実に当時を再現しています。質素で簡単なつくりの建物ですが、江戸の人々は、それなりに満足して生活していたようです。

長屋は平屋が一般的でしたが、表通りに建つ長屋に限っては二階建てです。一階が店舗で二階が住居という使いかたをしていました。表通りの長屋に住むのは、八百屋や魚屋、瀬戸物屋などの生活必需品を扱うごく小規模なお店の店主たちです。

表長屋の後ろには、一部屋5坪（10畳）に満たない大きさで分けられた長屋が一棟続きます。これが裏長屋です。ほとんどの人たちはこの裏長屋に住むことになります。

どこかのお店の従業員とか、職人、日雇いの仕事の人たちが中心です。いわゆる「町人」と呼ばれる人たちがこれに当たります。

京間（西日本で使用されている畳の大きさ）で60間（約120メートル）四方の大きさを一つの区画と考え、その中に入る長屋をまとまった一つの町としていました。このような、四角い町がいくつもまとまってできていたのが江戸です。同じ町内の人たちは、運命共同体です。助け合いながら暮らしていました。

裏長屋の標準的な広さは「9尺二間」だったといわれています。間口が9尺（2.7メートル）、奥行きが二間（3.6メートル）の6畳一間のワンルームです。入り口のほうには、土間と台所があるので、実質部屋として使える部分は4畳半くらいでした。

長屋には押し入れなどの収納スペースがないので、布団は畳んで隅に寄せ、衝立で隠しておきます。風が入って冬はとても寒いので火鉢も必需品です。中には、神棚や仏壇まで置く人もいました。ここに、箪笥や行燈を置くことになるので、かなり狭い。寝るスペース本当にある!?と心配になってくるくらいです。

それでも、江戸の人たちは、普通に夫婦と子供といった家族単位で住んでいたというのですから、時代の違いを感じてしまいます。

裏長屋には、二つのタイプがありました。一つは入り口と対になる部屋の奥に障子を立てられる「割長屋」です。風通しがよく人気のスタイル。家賃は月額で800文です。いまのお金でいうと2万円くらいでした。

もう一つは「棟割長屋」。建物の棟を中心にして壁をつくり、その両側を部屋にするというスタイルです。隣に人がいるのはもちろんのこと、裏側にも別の部屋があるので、かなりうっとうしい感じでした。入り口のほかに戸がないので、空気が抜けなくて暗い部屋です。こちらの家賃は500文。12500円とお手頃です。

どちらのタイプを選ぶのかは好み次第といったところでしょうか。近所との付き合いは、いまよりも密で重要なことだったので、部屋の狭さや、隣との距離感は気にしていなかったようです。

江戸の町人たちは、ここで、寝て起きて、食べて学んでいました。重三郎がつくった本も、たくさん読まれたことでしょう。壁越しに声を掛け合い、情報を交換したりもします。同じ長屋の住人たちは、一つの大きな家族のように暮らしていたのです。

江戸町内の自衛システム

江戸の治安を管轄していたのは、町奉行所です。与力や同心といった、いまでいう警察官たちが、治安維持に努めていましたが、実際のところ、どうにも手が足りませんでした。そこで、町ごとに自衛システムをつくっていたのです。整然とした自衛システムだったので、防犯、防火にとても役立っていました。

それぞれの町内には、自身番といわれる防犯のための施設が設けられていました。いまでいう交番です。ここに、長屋の地主（土地の所有者）に雇われた番人や、書役（書記）が常駐していました。番人は大家が兼ねることもあります。自衛を担う人たちがいる場所は、番屋ともいいました。

番人たちは、何か起きたらすぐに飛び出せるように自身番屋に詰めています。番屋は東西の往来に面していて、四つ辻の南側につくられることが一般的でした。

自身番屋に特化していうと、屋根の上に半鐘を吊るした火の見梯子が設置してありました。紙と木でできた江戸の町では、火事が何より怖ろしいものでした。自身番たちは、火事を発見すると、すぐさま梯子を駆け上がり、半鐘を打ち鳴らすのです。それが番人の最も重要な役目といっても過言ではありませんでした。半鐘をききつけると、火消人足が番屋に集まり、火事場へと向かったのです。

ほかにも、不審者を捕まえて、町奉行所に報告するのも自身番の役目でした。容疑者の取り調べなんかも、自身番屋で行われていたそうです。やはり、かなり交番っぽいですよね。

防犯、防火のほかにも、町内に住む人たちの戸籍の管理や、町奉行所からの出頭命令書の受け取り、本人への手渡しなども自身番の仕事です。もちろん、町内の人たちの相談事にも乗ります。番人は、責任が大きい役目だったので、信頼がおけて面倒見のいい人物が起用されていました。町内全体のお父さんといったところです。何かあればまずは、自身番へ相談する。それが江戸の町の人たちの習慣でした。

町内の自衛システムでもう一つ重要なものがあります。木戸番です。

江戸では、町と町の境に、警備のため木戸がつくられていました。町の大きな門だと思って下さい。木戸は午前6時から午後10時まではフリーで開いていますが、それ以降の深夜帯は、防犯のため閉め切っていました。帰りが遅くなった人は、木戸番と呼ばれる、木戸の番人に理由を話し、通してもらうのです。開けるか開けないかの判断は、木戸番に任されていました。

木戸番は、木戸の開閉を司り、常に住人の安全を図っていました。ほかにも、町内の夜警や、拍子木を打って時刻を知らせることも木戸番の仕事です。木戸の横の番屋に住み、毎日顔を合わせる木戸番に、住人たちは親しみを込め「番太郎」「番太」とあだ名をつけたということです。

賊の侵入を阻止し、防犯、防火に気を配ったうえに、いつ起こされるか分からない。めちゃめちゃ大変な仕事です。寝つきや寝起きのいい人物を推薦します。

町の治安については、自身番と木戸番が中心となり、自衛システムで賄っていました。生活に密着した優秀な制度といえます。

重三郎が生きた江戸の町に思いを馳せます。活気に溢れ、生命力みなぎる世界には、きっと、どこまでも明るい空が広がっていたことでしょう。

コラム

いっぽう、将軍は？

江戸時代の最高権力者は将軍です。**重三郎がメディアを確立したので、市井の人たちは、それまでよりは、発言権を持ちました。**それでも、この頃の時代の特色に反映されていたのは、やはり将軍の個性だったのです。

ここでは、十代将軍家治（在位1760年・宝暦10年〜1786年・天明6年）と十一代将軍家斉《いえなり》（在位1787年・天明7年〜1837年・天保8年）について学んでいきたいと思います。将軍の性格や治世を見ると、時代の流れや風俗が見えてきます。

十代将軍家治は、有名な将軍吉宗の孫として1737年（元文2年）6月20日に生まれました。吉宗は、聡明な家治のことをとても可愛がり、自ら帝王学や武術を授けたといわれています。家治も祖父を慕い、期待に応えるように優秀な名君へと成長します。

父親の家重から将軍を継いだのは24歳のときです。将軍を引き継ぐには少し若かった家治は、後ろ盾として、老中松平武元に助けを求めます。忠義者の武元は、感激し、死ぬまで家治を支え続けたということです。

問題はここからです。1779年（安永8年）に武元が亡くなると、家治は何を思ったか、幕政の一切を老中田沼意次に任せてしまうのです。これは、父親の家重の遺言に従ったとされていますが、本当のところは分かりません。

いずれにせよ、家治は意次にすべてを丸投げすることを選びました。そして、自分は、趣味の将棋に没頭する毎日を過ごすようになったのです。

悪いことに、ほどなくして、嫡男の家基が18歳という若さで亡くなってしまいます。すると、家治は、やる気というやる気をなくしてしまい、政治になんてまったく向き合う気力をなくしてしまったのです。そこからの意次の活躍というか、振る舞いは知っての通りです。

家治は、温厚で優しい性格だったと伝えられています。文武両道の優秀さはあっても、国を統べるリーダーになる器はなかったのかも知れません。あるいは、やりたくなかったか。責任を負うのってイヤじゃないですか。だったら、やりたい人間に任せちゃえばいいや。跡取りもいなくなっちゃったし。そう考えたとしても不思議ではありません。

1786年（天明6年）、家治は50歳で病死します。急な病だったため、毒殺だったのではともいわれています。

特別に何かをのこしはしませんでしたが、家臣や大衆から嫌われることもなかった将軍でした。

1787年（天明7年）から後を引き継いだのが十一代将軍家斉です。将軍に就任したときは、弱冠15歳という若さでした。その後、1837年（天保8年）に退位するまで、実に50年間という長きに渡り、将軍として君臨します。在位期間は、歴代将軍の中で、最長となります。

家斉のときの老中首座はあのお堅い松平定信です。しばらくの間は、定信が政治を主導し、うまくやっていました。家斉もこのままお飾りの将軍になるのだろうと誰もが思っていましたが、寛政の改革で状況は変わります。

あまりにも締めつけが厳しかったため、家斉は定信のことがイヤになってしまうのです。

定信は、財政のことを考えて、質素倹約を推し進めますが、こっちは将軍の家系。生粋のおぼっちゃまです。耐えられないことも多かったのです。結局、1793年（寛政5年）定信は、罷免されてしまいます。家斉の将軍としての人生はいわば、ここから始まるのです。

とはいえ、家斉が治めた時代は、幕府が最も落ち着いていたときです。これといった大問題もなく、貧乏過ぎるわけでもない。大衆も幕府の権威を重んじてくれる。俗にいう泰平の世といわれるときに当たるので、正直、将軍はぼーっとしていて大丈夫でした。そのため、家斉も目立った功績はありません。

強いていうなら、歴代将軍一の女好きということが語り継がれているくらいです。側室の数は分かっているだけで17人。手をつけた女性の数は40人以上といわれています。子供は男子26人。女子が27人。性別不明で亡くなった子が2人と合計55人という絶倫ぶり。何か政略的なことを考えて、子作りをしたというよりは、欲望の赴くままにヤッていたらデキちゃったという結果なので、まったく尊敬できません。

女性にうつつを抜かす暇があるくらい泰平の世だったことは、江戸の庶民たちにとって、好都合でした。平穏で安全が故に、楽しむ余裕ができた人々の間で町人文化が花開いたのです。和暦の文化、文政を中心とした化政文化が発展したのは、家斉の在位時代でした。

1804年（享和4年）から1830年（文政13年）にかけて発展した化政文化は、重三郎がつくった多くの出版物を広めていくことになります。

化政文化は、町人が主体で栄えた文化なので、江戸時代の風俗を理解するには、一番分かりやすいソースといえます。いま、テレビや映画でみられる江戸時代の雰囲気は、この化政文化の時代に影響を受けたものが多いですね。

家斉は1837年（天保8年）に隠居し「大御所」という役職になります。その後69歳で病死するまで、4年間は実権を握ったままでした。しかし、この頃になると、ピークを迎えていた幕府にも、衰退の兆しが見え始めます。そこからは下降の一途をたどります。

そして、江戸幕府は十五代将軍慶喜で終わりを迎えます。これで、江戸時代も終焉しました。

〈蔦屋重三郎年表〉

西暦	年号	年齢	
1750年	寛延3年	0	正月7日、爆誕。本名は柯理《からまる》。生誕の地は新吉原。父丸山重助、母津与。
1757年	宝暦7年	7	母津与、家を出る。重三郎は喜多川氏が経営する新吉原の茶屋、蔦屋の養子となる。この年より蔦屋重三郎（通称）となる。
1772年	安永1年	22	義兄、蔦屋次郎兵衛が経営する茶屋の軒先に書店を開く。場所は、新吉原大門口五十間道の左側。書店の名前は「耕書堂」。
1774年	安永3年	24	7月。吉原の遊女を花に見立てて紹介する本『一目千本』を出版。なお、これが重三郎が初めて出版した本となる。吉原のガイドブック『吉原細見』の販売ならびに、編集者となる。

1777年	安永6年	27	富本節の稽古に使うための本、正本・稽古本の出版を始める。この頃より、朋誠堂喜三二と仲よくなり、一緒に仕事を始める。
1780年	安永9年	30	黄表紙、往来物の出版を始める。
1781年	天明1年	31	大田南畝が耕書堂より出版された朋誠堂喜三二の黄表紙を高評価。それにより、重三郎と南畝が仲よくなる。南畝や狂歌仲間が重三郎の元に集まるようになる。この辺りから、重三郎は人気作家に強いコネを持つようになる。
1783年	天明3年	33	『吉原細見』の独占出版を始める。9月、書店としての一等地、日本橋大伝馬町に耕書堂を移転する。
1787年	天明7年	37	寛政の改革により、大田南畝、朋誠堂喜三二が、出版界を離れる。
1788年	天明8年	38	耕書堂より出版された朋誠堂喜三二の黄表紙『文武二道万石通』が大評判となる。

〈蔦屋重三郎年表〉

1789年	寛政1年	39	耕書堂より出版された恋川春町の戯作『鸚鵡返文武二道』があんまりにも老中の松平定信をからかっていると判断され販売自粛となる。春町は、出版を離れ、後に死去する。おそらく自害。
1791年	寛政3年	41	幕府を揶揄する本やエロい本を出しているといわれ、身代半減の罰を受ける。
1794年	寛政6年	44	東洲斎写楽の画を突然出版。まったく無名、初めての出版のはずなのに、28枚もの浮世絵を一挙に出版した。爆発的人気となる。
1795年	寛政7年	45	2月を最後に写楽の画が出版されなくなる。
1796年	寛政8年	46	重三郎、脚気になる。かなり重症。
1797年	寛政9年	47	5月6日没。当時でも若死。

べらぼうに面白《おもしろ》い蔦屋《つたや》重三郎《じゅうざぶろう》

2024年12月15日　初版第1刷発行

著者　ツタヤピロコ
発行者　笹田大治
発行所　株式会社興陽館
〒113-0024
東京都文京区西片1-17-8 KSビル
TEL 03-5840-7820　FAX 03-5840-7954
URL https://www.koyokan.co.jp
装丁　長坂勇司（nagasaka design）
イラスト　瀧川みわ
校正　結城靖博
編集補助　飯島和歌子　木村英津子
編集・編集人　本田道生
DTP　有限会社天龍社
印刷　惠友印刷株式会社
製本　ナショナル製本協同組合

ISBN978-4-87723-334-1 C0223

［新書版］論語と算盤

お金の大事なこと

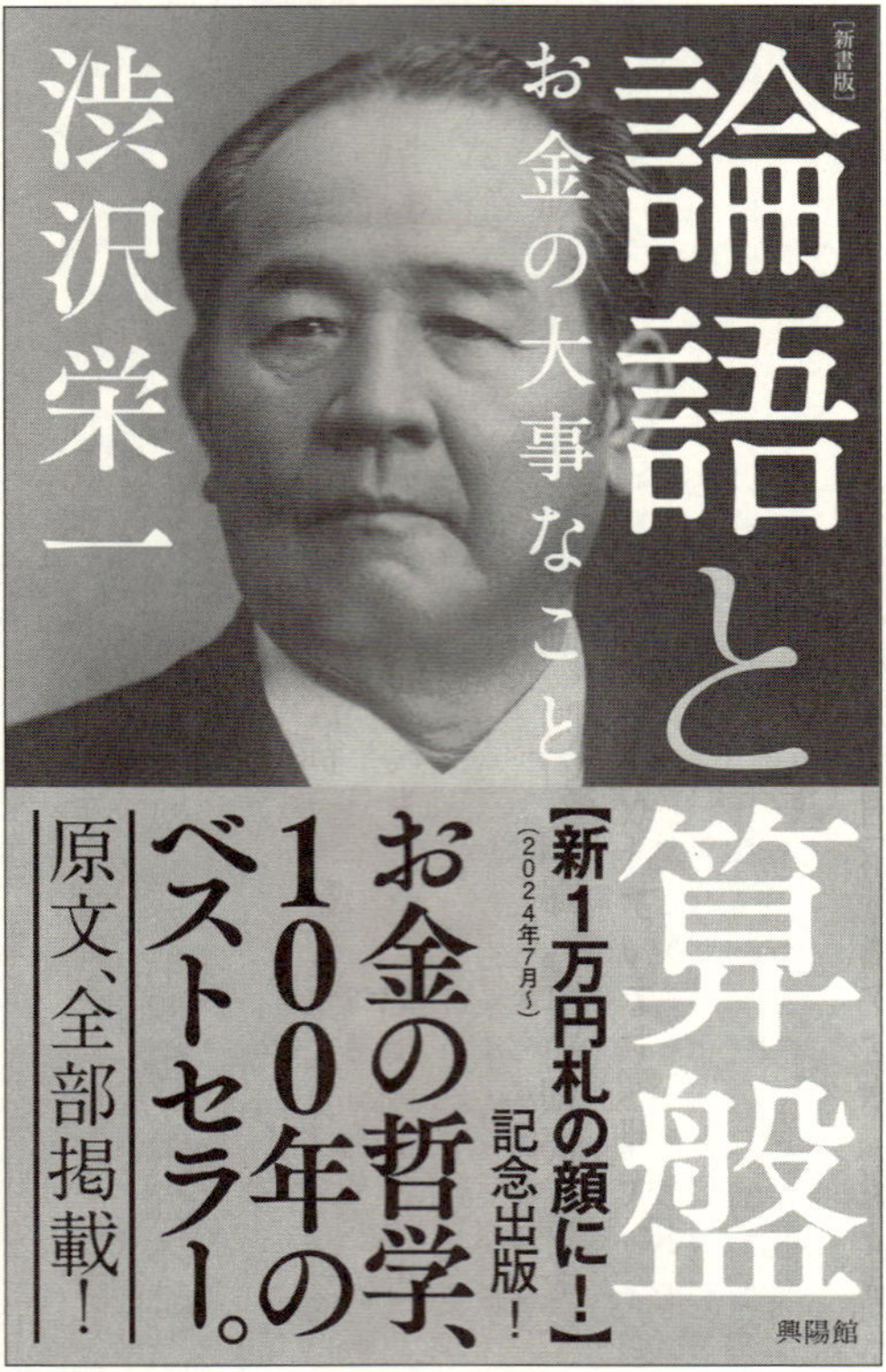

渋沢栄一

本体 1,000円+税

ISBN978-4-87723-322-8 C0234

「人生」、「仕事」、「お金儲け」の考え方が身につく、「新一万円札の顔」渋沢栄一不滅のバイブル。原文全収録＋渋沢語録収録。

身辺整理
死ぬまでにやること

森永卓郎

本体1,500円+税

ISBN978-4-87723-331-0 C0095

限られた時間の中で、残される家族のために何をすべきか。仕事、趣味、資産、人間関係の後始末。渾身の「死に支度」ドキュメント。

1冊の「源氏物語」

光る君のものがたり

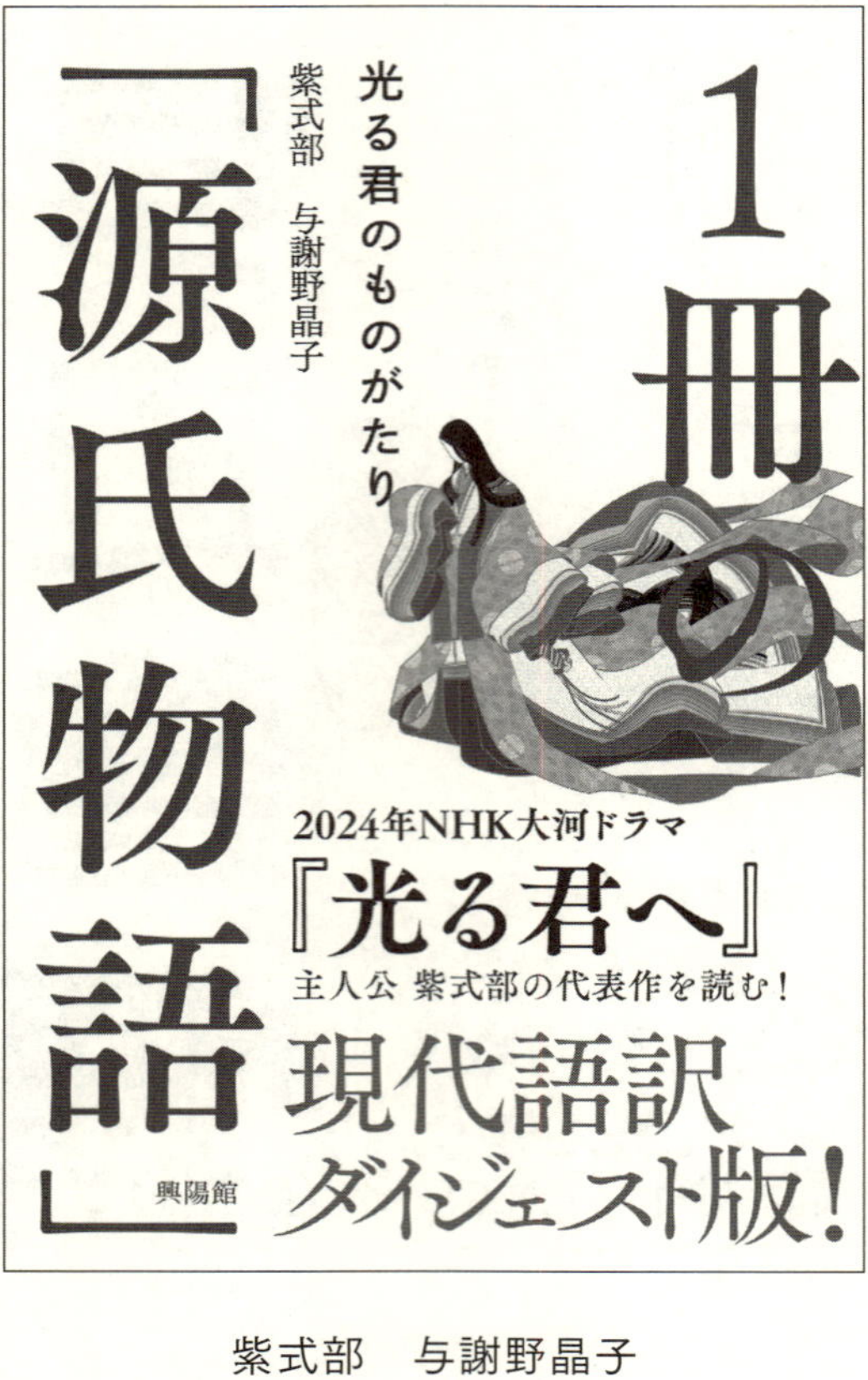

紫式部　与謝野晶子

本体 1,000円+税
ISBN978-4-87723-313-6 C0095

日本恋愛小説の最高傑作、紫式部の『源氏物語』をあらすじ・原文・与謝野晶子の現代語訳で紹介するダイジェスト版。この一冊で、『源氏物語』の全体がわかります。